Irina Vysotskaya

Notícias internacionais: especificidades da compreensão e da redação

Irina Vysotskaya

Notícias internacionais: especificidades da compreensão e da redação

O exemplo da Reuters

ScienciaScripts

Imprint

Cover image: www.ingimage.com

This book is a translation from the original published under ISBN 978-620-2-09599-0.

Publisher:
Sciencia Scripts
is a trademark of
Dodo Books Indian Ocean Ltd. and OmniScriptum S.R.L publishing group

120 High Road, East Finchley, London, N2 9ED, United Kingdom
Str. Armeneasca 28/1, office 1, Chisinau MD-2012, Republic of Moldova, Europe
Printed at: see last page
ISBN: 978-620-7-99304-8

Índice

Introdução

As agências de informação são empresas especializadas em informação (organizações, serviços, centros) ao serviço dos meios de comunicação social. A sua principal função é fornecer informações operacionais de carácter político, económico, social e cultural às redacções de jornais, revistas, televisão e rádio, bem como a outras instituições, organizações e indivíduos. O seu funcionamento está orientado para a recolha de notícias.

O nascimento da Reuters segue os marcos históricos de todas as grandes agências noticiosas. As empresas que começaram por divulgar notícias evoluíram, com o desenvolvimento das tecnologias da informação, para centros especializados num determinado sector de atividade (por exemplo, finanças, relações comerciais).

O papel do jornalismo informativo está atualmente a crescer consideravelmente. Afinal de contas, a quantidade de informação que chega a uma pessoa é tão grande que ela já não é capaz de a analisar de forma independente, determinar os critérios de verdade e tomar a decisão correta.

No ambiente pré-industrial, a principal carga de informação consistia no contacto pessoal com outra pessoa. Mais tarde, formou-se a cultura do livro, em que predominavam os meios impressos de comunicação de massas. Na sociedade pós-industrial, a cultura do ecrã, criada com base na tecnologia audiovisual, tornou-se cada vez mais importante. A partir de agora, a produção, o armazenamento, a transmissão e o consumo de informação assentam numa base tecnológica fundamentalmente diferente.

Este artigo é dedicado ao estudo da história do desenvolvimento da agência noticiosa Reuters e ao estudo das especificidades da compreensão e edição de notícias. Até à data, a agência noticiosa Reuters é a maior organização empresarial que se dedica à pesquisa, acumulação e divulgação de informação. O interesse crescente pela novidade das mensagens está associado à utilização eficaz e intencional de informações exactas e oportunas para resolver os problemas de um desenvolvimento público dinâmico, o que, por sua vez, é uma condição para o desenvolvimento sustentável da humanidade no mundo moderno. A informação exige uma atitude séria em relação a si própria, uma vez que é propriedade intelectual do país e dos seus cidadãos, um recurso da sociedade. Por conseguinte, a relevância do tema é indiscutível.

Atualmente, existe um grande número de agências de informação que operam tanto a nível nacional como transnacional. "A Reuters é um dos principais fornecedores de informações económicas aos participantes nos mercados financeiros.

O objetivo do trabalho é identificar e estudar um conjunto de métodos e ferramentas utilizados pela agência noticiosa mundial "Reuters".

Aspeto histórico do desenvolvimento da Reuters

A agência noticiosa britânica Reuters é uma das maiores agências noticiosas do mundo. Abrange uma vasta gama de serviços de recolha, criação, fornecimento e tratamento de informações. Inovações como os primeiros produtos de informação eletrónica e as primeiras transacções electrónicas foram um fator importante para o rápido desenvolvimento dos mercados financeiros mundiais. A Agência dedica-se à produção e transmissão de materiais de informação para vários meios de comunicação. A atividade principal, que gera 90% das receitas da empresa, consiste em fornecer aos profissionais do mercado informações, análises e relatórios importantes sobre os mercados financeiros e de mercadorias. Também produz gráficos electrónicos de notícias e presta serviços de telecomunicações.

A Reuters foi criada graças aos esforços de Julius Reuter. Este tornou-se famoso pela sua atividade empresarial no domínio da recolha de notícias. Afinal, em meados do século XIX, as notícias apareciam nas páginas das publicações com mais frequência do que outros géneros de jornalismo, pelo que se tornaram um produto muito rentável. A este respeito, Reuter escolheu as notícias como objeto da sua atenção porque, no seu tempo, o mercado tinha uma maior necessidade de informação do que nunca. Por um lado, havia uma procura crescente de notícias por parte do público e, por outro, a tecnologia estava a desenvolver-se rapidamente para satisfazer essa necessidade.

Julius Reuter nasceu em 1816 na cidade de Kassel, na Alemanha Central, no seio de uma família judia culta e respeitada. Na década de 1930, Julius assistiu a palestras de Carl Friedrich Gauss, o fundador da matemática moderna, em Göttingen, uma cidade universitária. O cientista realizou as primeiras experiências sobre a transmissão de sinais eléctricos por fios. Gauss tinha pouco interesse na aplicação prática da descoberta do magnetismo, mas Reuter apercebeu-se nessa altura que estas descobertas iriam revolucionar as comunicações e que, em breve, a humanidade poderia comunicar por telégrafo a qualquer distância. Esta descoberta levou mais tarde à formação da maior agência telegráfica do mundo.

Em 1848, Julius Reuter começa a trabalhar na agência Gavas. Entre os conhecidos mais importantes estão os colegas do jovem especialista: Sigismund Engländer e Bernard Wolf. Assim, no espaço de um ano, os fundadores de três futuras grandes agências noticiosas trabalharam sob o mesmo teto. No entanto, o desejo de Reuter de ser o seu próprio patrão aumentava de ano para ano. Para concretizar o seu objetivo, no início de 1849, começou a publicar o seu próprio jornal em Paris, aproveitando a ausência de impostos sobre a impressão. O seu primeiro escritório foi uma pequena sala no último andar de uma das casas da rua do filósofo iluminista francês Jean-Jacques Rousseau. O jornal era composto por notícias de vários géneros, desde mexericos a informações seculares, passando por relatórios sobre a reunião da Assembleia Nacional e as cotações da Bolsa de Paris. O diretor é Reuter. A sua mulher encarregava-se da tradução (do francês para o alemão). O jornal é então enviado para a Alemanha. Em breve, as receitas não ultrapassam as despesas. Este facto leva a que o material de impressão seja penhorado pelos credores. No entanto, este facto não fez com que Reuter desistisse do seu sonho. Depois de se mudar para a Alemanha, abre o "Serviço de Socorro Telegráfico".

A cidade alemã de Aachen, em meados do século XIX, torna-se fundamental para a transmissão de notícias e o ponto de comunicação mais importante entre a Bélgica, os Países Baixos e a Alemanha. V.V. Voroshilov escreve que "havia certas condições prévias para abrir um escritório aqui: 1. políticos - relaxamento do controlo sobre os fluxos de informação, 2. tecnológicos - ampla utilização da linha telegráfica" [7, p. 15]. Mas mesmo aqui Reuter deparou-se com dificuldades. Depois de o governo francês ter aberto a linha telegráfica "Paris - Bruxelas", de Aachen a Bruxelas havia um intervalo de 90 quilómetros. Assim, a tradicional transmissão de mensagens por caminho de ferro foi substituída pelo correio de pombo. Reuter foi a primeira pessoa a colocar este tipo de envio de informação numa base regular. Foi assim que se formou a base para a criação de uma agência noticiosa. Os primeiros grandes jornais a subscrever os serviços do "Serviço de Assistência na Transmissão de Mensagens Telegráficas" foram o "Kölnische Zeitung" e o "Independence Belge". As tentativas de se tornar o principal intermediário entre a Inglaterra e o resto da Europa revelaram-se impossíveis, pelo que, no verão de 1851, Reuter e a sua mulher regressaram a Londres.

De acordo com M.I. Skulenko, "em meados do século XIX, Londres era um centro económico em rápido desenvolvimento" [34, p. 23]. [34, c. 23]. A base económica do sucesso da Inglaterra nessa época era considerada a liberdade de comércio. Após o cancelamento do imposto de selo sobre os jornais, o número de leitores e a circulação das publicações aumentaram. O aparecimento das agências noticiosas foi influenciado pelos seguintes factores no desenvolvimento da imprensa britânica: 1) o aumento do controlo estatal e o desenvolvimento do pluralismo da imprensa escrita; 2) a transformação da imprensa num instrumento de negócio; 3) o declínio do interesse pela imprensa partidária; 4) a finalização da profissão de jornalista.

A Companhia Telegráfica Submarina de Julius Reuter foi fundada a 4 de outubro de 1851. Esta data é considerada como o dia de abertura da agência noticiosa Reuters. Nesta altura, o fundador dispunha de um capital considerável para iniciar o negócio e tinha numerosos contactos nos principais centros europeus. O escritório da nova empresa situava-se perto da Bolsa de Valores de Londres. Duas vezes por dia, a Reuter fornecia aos corretores e comerciantes de Londres informações sobre a bolsa de valores através de uma linha telegráfica. Além disso, os comerciantes das principais cidades europeias, como Hamburgo, Antuérpia, Trieste, Odessa e Gdansk, eram assinantes. Em 1853, a Submarine Telegraph Company recebeu um novo nome: Continental Telegraph.

Durante vários anos, Reuter não conseguiu fazer progressos no fornecimento de notícias aos jornais. O Times era considerado um grande jornal inglês, com correspondentes em várias partes do globo - Estados Unidos, China, Índia e Médio Oriente. O editor-chefe, Morris, estava relutante em estabelecer contacto com o Telégrafo Submarino. O ponto de viragem desta política foi em 1858. Nesta altura, o Morning Advertiser e o Daily Telegraph começaram a publicar os relatórios de Reuter. Morris, no acordo com Julius, encontrou um ponto favorável - o acordo reduziria os custos para metade. Assim, o Times tornou-se numa cooperativa com o Continental Telegraph. Só que os redactores do jornal tentavam, em todas as oportunidades, mostrar que o trabalho dos correspondentes não era menos eficiente.

A credibilidade de Reuter foi reforçada pela publicação no Times de 10 de janeiro de 1859 de um despacho assinado "Continental Telegraph" que relatava um importante discurso do rei da Sardenha na abertura do parlamento do seu Estado. Um sucesso ainda maior foi registado a 7 de fevereiro do mesmo ano, quando o texto de um discurso muito importante de Napoleão III perante as câmaras da Assembleia Nacional Francesa foi obtido por agentes da Reuter's antes de ser proferido. V.V. Voroshilov observa: "Neste discurso, Napoleão disse: "Espero que a nossa paz com a Áustria 'não seja prejudicada por nada'." Na linguagem diplomática da época, isto significava de facto que a guerra estava próxima" [7, c. 302]. O significado da publicação permitiu-nos falar da agência noticiosa como uma forma completamente nova de reportagem.

O público do Continental Telegraph era constituído principalmente por homens da classe média com opiniões liberais. Estes valorizavam a exatidão na apresentação da informação, pelo que o gabinete precisava de manter o prestígio. Durante a curta mas sangrenta guerra da França contra a Áustria, em 1859, Reuter colocou um correspondente em ambas as linhas da frente. Isto assegurou a fiabilidade da informação e a eficácia da recolha. A empresa foi a primeira a relatar a batalha decisiva de Solferino e, no dia seguinte, transmitiu informações do campo derrotado em Viena.

Estas tácticas e tecnologias sublinham o elevado nível de desenvolvimento da agência na altura. Isto é evidenciado pelo facto de a Reuters ter sido muito solicitada pela imprensa britânica. Em 1865, a empresa foi reconstruída, estabelecendo firmemente o nome "Reuters". O objetivo era encontrar soluções económicas para angariar fundos adicionais para desenvolver a agência e criar uma vasta rede de mensagens. Em 1878, Julius Reuter demitiu-se do cargo de diretor-geral e entregou a autoridade ao seu filho, o Barão Herbert de Reuter. O principal mérito do novo proprietário foi o de elevar o nível filológico da apresentação das informações. Conseguiu também reforçar a reputação da Reuters como agência objetiva.

Actividades da Reuters durante as guerras mundiais

A gestão do Barão Herbert de Reuter está associada à criação de alguns projectos arrojados. O primeiro destes projectos foi a criação de um serviço de publicidade. No entanto, erros de gestão e o declínio geral do comércio na Europa não permitiram aumentar a componente financeira da empresa. A segunda ideia foi a criação do Reuters Bank. No entanto, a falta de fiabilidade dos alicerces do banco e o carácter manifestamente especulativo das suas operações determinaram a sua existência futura.

Durante a Primeira Guerra Mundial, a situação financeira da Reuters exigia investimentos. A empresa precisava de ser reconstruída. Em 1915, Roderick Jones foi nomeado diretor-geral. Para que a empresa saísse da crise, era necessária uma eleição dos acionistas. O problema é que o seu número era demasiado elevado. Jones, juntamente com o presidente da empresa, Mark Napier, recomprou as acções. A Reuters voltou a ser uma empresa privada. Além disso, era necessário reconstruir o banco, que estava à beira da falência. O comprador foi o conhecido especulador financeiro Clarence Heytree.

Na década de 1920, a Reuters necessitava de austeridade para se estabilizar financeiramente. Para o efeito, foi efectuado um corte de 10% nos salários do pessoal. Entretanto, em 1925, um relatório apresentado pelo departamento financeiro à direção da empresa continha as seguintes estatísticas: as receitas da agência noticiosa não cresciam, o lucro da publicidade era insignificante e o serviço de telégrafo e transmissão, que tinha sido o orgulho da agência durante muitos anos, tinha-se tornado não rentável. A única saída que a direção da empresa podia oferecer era a venda de pelo menos uma parte das acções. Gradualmente, a escolha foi feita a favor da opção de copropriedade da Reuters pela Press Association. A conclusão do acordo significou que a Reuters cedeu efetivamente o controlo da agência à imprensa britânica.

No entanto, os anos 30 foram marcados por uma nova crise financeira. O número de palavras relatadas nos artigos foi reduzido em um quarto. O trabalho em condições desconfortáveis conduziu a erros mais frequentes por parte dos correspondentes, o que afectou a reputação da empresa no seu conjunto. Houve mesmo erros em reportagens de importância nacional. Por exemplo, informações falsas sobre as negociações secretas que o Ministério dos Negócios Estrangeiros francês manteve com o governo de Mussolini em 1937. Como resultado, Roderick Jones recorreu ao governo britânico para obter ajuda. A condição do primeiro-ministro Chamberlain Jones era que Jones nomeasse representantes do governo para cargos-chave na Reuters. No entanto, durante o seu reinado, Jones aderiu à política de manter a independência da agência em relação ao governo. A situação exigia uma ação urgente. Como resultado, Roderick decidiu assinar um acordo secreto com o governo sobre cooperação financeira em 1938. Nos termos do acordo, sem o conhecimento do Conselho de Administração da Reuters, o governo britânico pagaria à agência 18.000 francos por ano em troca da sua influência sobre a agência. Além disso, Roderick renunciaria a alguns dos seus poderes e acabaria por deixar de estar ativo.

Em breve, alguns pormenores tornaram-se mais claros para o Conselho de Administração da Reuters e foi aberto o acordo entre a Reuters e o Governo. S.I. Smetanina chama a atenção para o facto de que "em 1941, Roderick Jones anunciou a sua demissão. Numa carta ao Times, referiu: "Eu poderia ter permitido que a agência, com o seu sólido capital e excelente reputação, fosse vendida ao público. Mas um mercado livre e uma venda pública de acções teriam exposto a Reuters à ameaça de influência indesejada e, possivelmente, de controlo". Três anos mais tarde, explicou a Michael Ewing, proprietário do Glasco Herald, que estava "demasiado cansado e exausto pelos acontecimentos sinistros dos últimos anos que qualquer outra ideia que não fosse a demissão o repugnava" [35, p. 35]. [35, c. 35]. No entanto, é de notar que a sua empresa se manteve à tona durante os anos da crise financeira mundial.

O novo presidente da Reuters, Samuel Storey, referiu a necessidade de reforçar a independência e a eficácia da Reuters face à crescente concorrência dos meios de comunicação social norte-americanos. Foi considerada a possibilidade de distribuir acções não só à Associação de Imprensa, mas também à Associação de Proprietários de Jornais. Além disso, foi sugerida a ideia de um eventual acordo fiduciário entre os acionistas da Reuters. O objetivo era prevenir a agência contra interferências e influências externas, principalmente do Governo britânico. Além disso, esse plano protegeria a empresa da corrupção interna e das violações das normas de trabalho por parte dos diretores ou gestores.

Na reunião do Conselho de Administração, foi discutida a compra de acções. Ewing observou que a venda de metade das acções da Reuters daria à Grã-Bretanha uma agência noticiosa mais forte e mais influente. Além disso, aumentaria o valor das próprias acções. O principal argumento para rejeitar o plano de venda foi o facto de os membros do fundo fiduciário proposto não terem qualquer poder. No final, a resolução sobre o trust foi derrotada por 43 votos contra 17, mas a obstinada oposição de Samuel Storey permitiu que se tentasse alcançar o seu objetivo. Na reunião, alguns deputados trabalhistas manifestaram receio de que a transformação da Reuters implicasse a atual independência. M. Tangate recorda que "o ministro britânico da Informação, Brandon Bracken, disse que todas as mudanças estão sob a estrita supervisão do governo: "A Reuters não é a Catedral de Canterbury, mas uma empresa comercial, pelo que é necessário tomar medidas para melhorar a eficiência do seu trabalho" [37, p. 68]. [37, c. 68]. Após este discurso, o debate acalmou. Não foi adoptada qualquer resolução.

A Associação de Proprietários de Jornais manifestou ceticismo quanto à possibilidade de um contrato fiduciário. O preâmbulo do acordo de 1941 afirmava que "a celebração de um contrato fiduciário é do interesse nacional em tempo de guerra. A Associação de Imprensa e a Associação de Proprietários de Jornais, reconhecendo que a atual situação de emergência e a incerteza do futuro exigem precauções especiais para salvaguardar o interesse nacional, consideram que a Reuters deve ser organizada de forma a manter o seu estatuto de principal agência noticiosa do mundo em todas as circunstâncias". Segundo M. Tangate, "a Associação de Imprensa e a Associação de Proprietários de Jornais confirmam por este meio o seu acordo mútuo de que tratarão as suas participações na Reuters como parte de um acordo fiduciário e não como investimentos" [37, p. 69] [37, c. 69]. Além disso, foram estabelecidos objectivos para que: 1) a Reuters nunca caísse nas mãos de qualquer grupo ou fação; 2) a integridade, a independência e a liberdade da agência fossem sempre preservadas; 3) a empresa fosse gerida de modo a fornecer notícias imparciais e fiáveis aos jornais do Domínio Britânico e a outros jornais estrangeiros, e às agências com as quais estaria vinculada por contratos; 4) a empresa desse crédito aos interesses que serviria, para além dos da imprensa; e 5) fossem feitos todos os esforços para manter o estatuto da Reuters como uma agência de notícias líder." O trust deveria funcionar durante um período mínimo de 21 anos.

Numa altura em que o futuro da Reuters estava a ser fortemente debatido, a sede estava ameaçada. No auge da Segunda Guerra Mundial, durante o bombardeamento de Londres, uma bomba ficou pendurada em fios de tróleis mesmo debaixo das janelas do edifício da agência. É de salientar que foi a cobertura dos acontecimentos da Segunda Guerra Mundial que permitiu à Reuters demonstrar o elevado profissionalismo dos seus correspondentes e estabelecer-se como uma agência global após o colapso do Império Britânico.

No início da guerra, a agência não tinha correspondentes nos campos de batalha. Em breve, a Reuters organizou um sistema de recolha de informações por rádio e competiu com os americanos através do trabalho de qualidade do "serviço de escuta". O primeiro correspondente bem sucedido da "Reuters" nos anos de guerra pode ser chamado Desmond Tye. Em abril de 1940, este homem encontrava-se em Oslo durante a entrada dos alemães, mas conseguiu partir para a Suécia, depois de ter noticiado a ocupação. Milagrosamente, conseguiu passar pelos piquetes alemães. Tornou-se correspondente da agência e, estando em Paris quando os alemães avançavam, mal conseguiu chegar a Inglaterra. Cobriu depois o Egito em 1941 e a tomada da Itália pelos Aliados em 1943. Foi o primeiro a dar informações sobre o desembarque em Salerno. A Reuters obteve um grande sucesso na cobertura da guerra entre a Alemanha e a União Soviética. Em 21 de junho de 1941, a promessa alemã de um "fim de semana tranquilo" alertou os correspondentes. Pouco depois da meia-noite, chegou uma notícia sobre as críticas de Hitler à União Soviética. Arriscando o seu nome, a Reuters publicou uma notícia sobre um ataque alemão à União Soviética. O acontecimento acabou por ser previsto. No verão de 1942, a agência enviou o correspondente Harold King para a União Soviética. Este enviou para Londres relatórios de guerra em russo. V.V. Voroshilov recorda as mensagens de King nas suas memórias: "Durante os anos do seu trabalho na Rússia, as mensagens com a sua assinatura foram publicadas em milhares de jornais" [7, c. 322]. Em 1943, King recebeu pessoalmente uma mensagem de Estaline sobre a dissolução do Comintern. Os países ocidentais insistiram nesta ação do governo da União Soviética.

Nesse mesmo ano, a Reuters foi a primeira a noticiar o desembarque dos Aliados na Normandia. V.V. Voroshilov responde que Desmond Tay fez então um relato dos acontecimentos: "Os canhões começaram a disparar de mais de 600 navios aliados.... Milhares de bombardeiros cortam o ar por cima de nós. Os caças correm de um lado para o outro, aparecendo e desaparecendo em nuvens de fumo. Começa o ataque dos Aliados à Europa". [7, c. 322]. Um êxito notável da "Reuters" foi a reportagem sobre a forma como o chefe da Gestapo, Himmler, se rendeu aos Aliados em 28 de abril de 1945. Além disso, foram os primeiros a noticiar a descoberta do corpo de Hitler. Enquanto estava em Berlim, Hooper recebeu uma mensagem dos soviéticos. Os correspondentes americanos tinham viajado de avião para Paris e não havia comboio direto de Berlim. Por isso, Hooper pediu a um cavaleiro britânico que enviasse um despacho para Lübeck, o ponto de comunicação mais próximo. Quatro horas depois, a BBC transmitiu a mensagem. Nessa altura, os americanos ainda estavam em fuga. V.V. Voroshilov escreve: "O acontecimento extremo da campanha militar "Reuters" foi o relatório de 6 de agosto de 1944 sobre o bombardeamento atómico de Hiroshima pela aviação americana: "O Presidente Truman informou que a primeira bomba atómica, a bomba mais poderosa do mundo, foi lançada há 16 horas sobre Hiroshima (a oeste de Kobe), na base militar japonesa, por um avião do exército americano. Esta bomba é mais potente do que 20 mil toneladas de TNT e tem uma força explosiva 2 mil vezes superior à da bomba mais potente utilizada pela aviação britânica durante a Segunda Guerra Mundial""" [7, c. 323]. Dois dias depois, um correspondente da Reuters de Guam transmitiu a primeira entrevista com o piloto que lançou a bomba atómica.

Consolidação do estatuto da Reuters como agência noticiosa global

Nos anos do pós-guerra, a agência começou a procurar novas oportunidades para manter a sua própria influência no Reino Unido, bem como para continuar a ser líder a nível mundial. A partir de março de 1947, a Autralien Associated Press e a New-Zealand Press Association passaram a ser propriedade conjunta da Reuters. Nessa altura, a Reuters estava a tentar expandir a sua rede de correspondentes em todo o mundo. Após o colapso do Império Britânico, a Reuters aproveita os laços económicos e de informação estabelecidos para se tornar uma agência noticiosa mundial.

Uma entrevista exclusiva com os primeiros patronos do Evereste, em 1953, trouxe à agência uma enorme popularidade e a atenção dos leitores. O Times foi o primeiro a noticiar o acontecimento porque os alpinistas Hillary e Tansing estavam contratualmente vinculados à agência. No entanto, Peter Jackson, correspondente da Reuters em Karachi, organizou a sua própria expedição e, depois de subir a uma altitude de 5400 quilómetros, entrevistou os pioneiros no maciço de Kumbu. Depois disso, enviou o seu assistente para Katmandu. Foi assim que o mundo ficou a conhecer as primeiras impressões dos alpinistas.

Para informar sobre as conquistas espaciais, a agência beneficiou de um sistema bem estabelecido de controlo das mensagens televisivas e radiofónicas. M. Magront observa que "em 12 de abril de 1961, a Reuters estava dois minutos à frente de outras empresas ocidentais na informação sobre o voo de Yuri Gagarin para o espaço" [22, p. 74]. [22, c. 74]. A transmissão do primeiro voo para a Lua a partir do centro espacial de Houston teve um minuto de avanço em relação à agência noticiosa americana "Associated Press".

Desde a abertura de um gabinete na Alemanha de Leste, a Reuters tem estado em contacto com o All-German News Service. Graças a este contacto, a agência foi a primeira a noticiar a construção do muro de Berlim em 1961 e a sua destruição em 1989. V.V. Egorov escreve: "O relato deste facto pelos olhos do correspondente Martin

Nethersky era o seguinte: "Centenas de berlinenses de Leste estão no local do muro que acaba de cair, ainda sem acreditar no que aconteceu. Um grupo de cidadãos da RFA, em júbilo, organizou uma manifestação espontânea, com os participantes a gritarem: "O muro caiu! O muro caiu! As raparigas telefonam às mães para lhes dizer que regressam a casa depois de fazerem compras nas lojas da Alemanha Ocidental" [12, p. 126]. [12, c. 126].

Em 1963, o diretor-geral da Reuters deu luz verde a uma operação agressiva e verdadeiramente internacional da agência, que geraria grandes lucros. Para o efeito, foi introduzida uma política de programação brutal. A direção apercebeu-se de que era necessário dominar a tecnologia informática e a transmissão de mensagens através deste mecanismo para conseguir um avanço técnico. Decidiu-se então subscrever os serviços do Stockmaster, um produto informático da Ultronic Systems Corporation. Nesta altura, a Reuters utilizava 22 canais transatlânticos. Após a assinatura do contrato em 1964, os engenheiros da corporação desenvolveram um sistema de amplificação que aumentou a quantidade de informação transmitida pelo computador principal do Stockmaster através do Oceano Atlântico. Assim, 44 canais começaram a ser utilizados para transmitir mensagens. Para além disso, a agência recebeu os direitos de representação exclusiva da Stockmaster na Europa durante 10 anos.

Em 1970, foi introduzido o sistema Videomaster. Os assinantes podiam receber notícias sobre acontecimentos relacionados com a economia. Através de acordos e da utilização de tecnologias da informação, a Reuters obteve um lucro de cerca de 4 milhões de libras. O próximo passo significativo na introdução de inovações informáticas para o fornecimento de informações económicas foi a criação do serviço Reuters Manifest Monitor. O conceito era que o Monitor apresentasse no ecrã até 170 palavras ou 110 letras de cada vez a partir de uma base de dados. Esta informação poderia ser alimentada durante 24 horas em tempo real. Utilizando a tecnologia de microfilme, a Reuters criou um sistema super-rápido e fácil de utilizar, baseado numa ampla base de informações. Antes disso, a comunidade empresarial dependia de serviços telefónicos e de telex. O "Monitor" permitia aos operadores de mercado digitar apostas em acções e observar os concorrentes num ecrã de vídeo. Além disso, eram fornecidas informações sobre metais e matérias-primas, e a oferta e a procura eram analisadas.

É de salientar que as descobertas no domínio da tecnologia da informação estavam constantemente a ser desenvolvidas. Em breve, foi criado um sistema de mensagens informatizado para processar mensagens e transmitir notícias para todo o mundo o mais rapidamente possível. Em 1973, os jornalistas começaram a utilizar a televisão para criar e transmitir notícias. "A Reuters adquiriu o controlo da agência internacional de notícias televisivas, Wiznews Ltd." O trabalho da tecnologia era sustentado pela competência superior dos correspondentes, o que implicava exatidão e atualidade da informação. Uma das principais caraterísticas da agência enquanto sociedade anónima fechada era a existência de um rendimento fiduciário entre os acionistas.

Em 1981, a Reuters encontrava-se numa situação financeira mais estável do que em períodos anteriores. No entanto, o diretor-geral Glen Renfrew continuava a exortar o pessoal a procurar oportunidades para obter "lucros substancialmente maiores". O Conselho de Administração começou a discutir a possibilidade de um empréstimo de um milhão de libras para pagar o funcionamento do Monitor. Como refere A.G. Kiselev: "A empresa não tinha capacidade para pagar os trabalhos com os seus próprios recursos" [15, c. 16]. Também houve opiniões de que, para manter as posições de liderança na corrida tecnológica, nos próximos anos será necessário utilizar fundos que não podem ser obtidos através do volume de negócios interno.

Naturalmente, a direção da empresa procurava uma resposta para a pergunta: como é que uma organização tão pouco lucrativa podia ganhar tais somas? Afinal de contas, a agência noticiosa não podia contar com as fontes de rendimento tradicionais de outros meios de comunicação social - publicidade e patrocínios. Foi por isso que surgiu a ideia de que a única forma de ganhar dinheiro significativo era transformar a empresa numa sociedade anónima. O iniciador foi o então proprietário do Financial Times e um dos seus diretores, Alan Haar. A controvérsia e o debate começaram, tanto no seio da agência como entre o público britânico. O receio prendia-se com o facto de a mudança de estatuto levar à eliminação do contrato fiduciário, que garantia a preservação dos principais objectivos e a independência da agência. No entanto, havia quem fosse favorável a uma mudança de estatuto económico. Um membro do trust, Lord Matthews, em conversas com jornalistas, sublinhou as boas perspectivas da agência se o seu estatuto fosse alterado. Defendia que a venda de acções podia ser iniciada desde já. Se tal se concretizasse, a Reuters tornar-se-ia a primeira agência noticiosa do mundo - uma sociedade de informação aberta. Uma coisa destas era uma novidade para as comunidades mundiais. Nessa altura, existiam apenas quatro formas de propriedade: estatal, cooperativas de imprensa, sociedades anónimas fechadas e privadas.

Para além das disputas filosóficas sobre o tesouro nacional da Grã-Bretanha enquanto agência noticiosa, houve dificuldades técnicas. Não se sabia como era possível, sem quebrar os pontos de confiança, colocar as acções da Reuters à venda ao público. Além disso, a estrutura de propriedade de muitos jornais tinha-se alterado ligeiramente desde 1941, com alguns a deixarem de existir e outros a tomarem o seu lugar. Y.S. Voskoboynikov salienta que, segundo o presidente da Associação dos Proprietários de Jornais, Lord Marsh, tudo se assemelhava a "um estábulo onde havia uma disputa sobre a propriedade das acções" [8, p. 137] [8, c. 137]. Além disso, não existem documentos adequados sobre a transferência de acções durante a venda ou o colapso de vários jornais.

Os advogados da Associação dos Proprietários de Jornais passaram várias semanas nos arquivos para estabelecer ligações na transferência de acções. Os proprietários começaram a acusar-se mutuamente de abuso. Começou uma guerra de palavras. Segundo Y.S. Voskoboynikov, o presidente do grupo "Mail", Lord Hartwell, disse: "Preferia hipotecar a minha casa a permitir que a agência mundial de informação perdesse a sua integridade e independência" [8, p. 138]. [8, c. 138]. Depois disso, a maioria era a favor de ultrapassar o fosso e apoiar a mudança. Foi decidido criar uma organização como a Star Chamber do Parlamento britânico para resolver todos os diferendos. Evidentemente, a venda pública das acções teria lugar muito em breve. No entanto, a forma de transformação da agência continuou a ser um obstáculo. Três questões eram fundamentais: 1) como garantir que a agência, uma vez vendidas as acções na bolsa, continuasse protegida contra a aquisição por um empresário em nome individual; 2) como garantir que os mecanismos de defesa não diminuíssem o valor da empresa e os lucros dos acionistas; e 3) como conciliar ambos os objectivos com os princípios do Trust, que afirmavam categoricamente que a integridade e a independência da agência não podiam ser postas em causa.

Lord Matthews propôs a seguinte solução: se era a Reuters Financial Services que contribuía principalmente para os lucros da agência, então podia ser constituída uma empresa separada com base nela e as acções não podiam ser emitidas para venda pública. Afinal, não havia qualquer referência a serviços financeiros no contrato fiduciário. No entanto, esta proposta foi ignorada pelo Reuters News Service. Finalmente, em 14 de setembro de 1983, foi tomada uma decisão de princípio no sentido de as acções poderem ser vendidas livremente, mas limitadas por uma série de condições. As três principais disposições da agência de avaliação do Warburg eram as seguintes

1. "A Reuters poderia ser avaliada entre mil milhões e um bilião e meio de libras e seria atractiva para os investidores britânicos e norte-americanos.

2. A estrutura fiscal da nova empresa pode ser estruturada de forma a evitar a dupla tributação.

3. A transformação de uma sociedade em sociedade anónima é compatível com considerações que visam garantir a sua independência.

Por sugestão de Murdoch, foi criado um grupo de trabalho encarregado de analisar quatro possibilidades de transformação da empresa:

1. Reestruturação financeira para separar as actividades editoriais.

2. Emissão de acções sem direito de voto, mas com direito a participar no mercado.

3. Emissão de acções negociáveis com direitos de voto limitados, os detentores existentes mantêm a propriedade de trinta por cento do capital.

4. Emissão de acções negociáveis com direitos de voto limitados, os proprietários

existentes mantêm uma percentagem mínima do capital.

Na primeira reunião do grupo de trabalho, a primeira proposta de Matthew-Murdoch foi rejeitada por ser impraticável. Quanto à segunda, foi dito que a abordagem apresentada iria provavelmente limitar significativamente o número de acções que poderiam ser postas à venda e reduzir o seu valor. As atenções centraram-se na terceira e quarta propostas. A terceira fórmula destinava-se a preservar o maior número possível de princípios existentes na sociedade e permitia que os administradores fossem nomeados em função do número e da categoria das acções. A quarta proposta destinava-se a substituir a estrutura de controlo existente por uma "ação principal" especial que seria propriedade dos membros do fundo fiduciário, os quais, por sua vez, teriam poderes para bloquear as decisões de aquisição do controlo da Reuters.

S.S. Raspopova escreve: "No meio das disputas sobre as formas de venda, apareceu um memorando de Renfrew-Nelson, em 21 de setembro, que recordava que 'o preço da verdade é mais elevado do que muitos podem imaginar'" [31 p. 41] [31, c. 41]. O primeiro-ministro britânico, James Callaghan, abordou o aspeto jurídico do problema, observando que, se a escritura fiduciária foi discutida em 1941 pela Câmara dos Comuns, então agora este órgão deveria exprimir a sua opinião.

Em 25 de outubro, um comité conjunto da Associação de Imprensa e da Associação de Proprietários de Jornais deu forma clara a propostas pormenorizadas para o regime final de afetação de capital. Foram acordadas as seguintes propostas: 1) a estrutura da nova empresa poderia permanecer simples e ser tão próxima quanto possível da existente; 2) os acionistas deveriam manter o menor interesse económico possível por enquanto; 3) os acionistas da Associação de Proprietários de Jornais deveriam deter acções individualmente, mas de acordo com um contrato; 4) nenhum acionista deveria deter mais de quinze por cento do capital; e 5) o novo Conselho de Administração não deveria incluir mais de 15 executivos.

A conclusão da reunião foi a seguinte: "A inviolabilidade acordada dos princípios de confiança é fundamental". Foi decidido, em princípio, que a bolsa de valores deveria ser lançada na primavera de 1984. M.I. Skulenko considera que "este prazo parecia ser o único possível, porque no outono se esperava a maior venda de acções da história da Grã-Bretanha - o governo de Thatcher tencionava vender 51% da companhia telefónica estatal British Telecom no mercado" [34, p. 84] [34, c. 84]. O resultado da reunião foi a decisão do conselho de concretizar a venda das acções da Reuters na bolsa de valores e de apresentar o plano de transformação aos membros do Teste para que estes se pronunciassem. Alguns dias mais tarde, o diretor executivo da Reuters lançou ataques contra aqueles que pretendiam interferir nos assuntos do Governo e do Parlamento, dando início a uma conversa sobre a independência do Governo. Apesar disso, a Câmara dos Comuns organizou uma audição. Nicholas Soames, neto de Churchill, expressou dúvidas sobre a transformação da Reuters. Mitchell reconheceu o papel internacional da agência e argumentou que a intervenção do governo era necessária não para proteger os interesses britânicos, mas para proteger os interesses do público em todo o mundo. Kenneth Baker, o ministro britânico das TI, sublinhou que a agência era um "ativo nacional" porque dirige uma empresa internacional de sucesso com sede no Reino Unido. Baker manifestou a sua satisfação pelo facto de o Conselho de Administração e o Trust estarem empenhados em proteger a independência da agência quando esta for posta à venda.

A decisão final sobre a futura estrutura da empresa, apoiada pelos membros do Reuters Trust, foi tomada numa reunião do Conselho de Administração em 21 de fevereiro de 1984. Foi criada uma empresa especial, a Funder's Company, que detinha a "master share" e que devia impedir as tentativas de tomada de controlo da Reuters. Os poderes dos co-proprietários da agência eram os seguintes: se um membro do Trust considerasse que um grupo tinha adquirido, ou estava a tentar adquirir ou manter o controlo da Reuters, a maioria do Trust poderia utilizar os direitos da Founders Share Company (Founders' Capital) para fazer cumprir os princípios fiduciários da agência. Se for feita uma tentativa de alterar os direitos de proteção da Founders Share, quaisquer dois membros do Trust podem utilizar os direitos de "Founders Capital" na sociedade gestora de participações sociais para impedir que tal aconteça. O "capital dos acionistas fundadores" detido pelas acções dos fundadores, que não é livremente negociável mas tem um interesse económico mínimo, é capaz de impedir tentativas de assumir o controlo da Reuters. A nova estrutura da agência noticiosa impediu os investidores de participarem em decisões operacionais importantes.

A Reuters Holding Limited foi constituída em 11 de abril de 1984. A primeira reunião do Conselho de Administração realizou-se no mesmo dia. Foram tomadas as primeiras decisões de princípio sobre o valor e o número de acções a vender. O número de pessoas que desejavam tornar-se co-proprietários da Reuters excedeu em 2,7 vezes o número previsto. O preço de um lote de acções foi aumentado. No entanto, o sucesso grandioso não foi alcançado - a empresa recebeu menos do que o esperado - 53 milhões de libras. Ainda assim, esta soma foi bastante significativa para dar um novo impulso. A razão fundamental para a transformação da Reuters foi o domínio crescente do capital financeiro e especulativo, associado à anulação da conversão do dólar em ouro em 1971 por Nixon. A transformação da agência noticiosa num jogo de bolsa reflectia a política do governo Thatcher de liberalizar drasticamente a economia britânica. Foi nessa altura que a indústria do carvão, os caminhos-de-ferro e as comunicações foram privatizados no Reino Unido.

A liberalização chegou à esfera dos media - a venda da Reuters foi um dos primeiros passos. Seguiu-se a venda do Times por Roeper Murdoch, que lançou o canal por satélite Sky (atualmente designado BBC), a privatização parcial da BBC (o Grupo Pearson detém 25% do serviço mundial, inaugurado em 1991). É ainda digno de nota o rigor com que um órgão de comunicação social tão estratégico como a Reuters mudou o seu estatuto. O processo de transformação de uma sociedade anónima fechada em sociedade anónima pública demorou dois anos e meio. Durante este período, foram criadas linhas de defesa, a maioria das quais foi posteriormente retirada - o ataque do capital revelou-se demasiado forte. A transformação da Reuters sublinhou a comercialização do jornalismo britânico e mundial. G. Viren observa que "a partir de 1984, a agência começou a publicar mais frequentemente notícias económicas e financeiras" [6, p. 96]. [6, c. 96]. Reorientou-se para produtos financeiros que nada tinham a ver com o jornalismo. Assim, a transformação da Reuters tornou-se uma ilustração de outra redistribuição monopolista dos fluxos de informação nos canais de comunicação. O sector do comércio precisava de serviços de transação automatizados.

De acordo com S.I. Smetanina, "após a transformação, num curto período de tempo, a empresa tinha cerca de 300 000 acionistas em todo o mundo" [35, p. p.]. [35, c. 284]. Subsistiam dúvidas sobre o possível impacto na atividade da agência. A direção sublinhou que os serviços jornalísticos são activos da empresa, tanto do ponto de vista financeiro como estratégico. Em primeiro lugar, as notícias gerais são importantes para os serviços económicos. Em segundo lugar, os serviços económicos funcionam com muito sucesso. Em terceiro lugar, a disponibilidade de notícias sobre a comunidade, que são arquivadas e editadas, também é adaptada às necessidades dos assinantes dos serviços económicos. O orçamento e o plano para 1985-87 definem os dois principais objectivos da empresa: 1) manter o nível das receitas e dos lucros a curto e médio prazo em conformidade com as expectativas dos acionistas; e 2) assegurar as perspectivas futuras da empresa através de um "desenvolvimento agressivo".

Na década de 1980, o crescimento dos lucros foi de 30 a 40%. Isto indica que a agência conseguiu um aumento constante dos lucros. S.I. Smetanina escreve: "O comportamento agressivo manifestou-se na compra da "Rich Inc. of Chicago", em 1985, por 58,5 milhões de dólares, bem como do sistema de negociação computorizado "Instinet", por 100 milhões de dólares, em 1987" [35, p. 296]. [35, c. 296]. A partir de então, a agência passou a ser vista pelos intervenientes como um instrumento direto para fazer negócios. A procura de lucros conduziu a todas as novas mudanças. As actividades económicas da agência expandiram-se rapidamente. Em 1987, surgem novos produtos económicos: Equities 2000, Commodities 2000 e Energy 2000. Em 1989, um estudo sociológico realizado pela agência revelou que os dez principais jornais do mundo recebiam 58% das suas notícias económicas da Reuters, 21% da Associated Press e 11% da AFP. A percentagem de notícias económicas nos relatórios da empresa era de quase 50%.

No final da década de 1980, cerca de 2/3 dos jornalistas britânicos especializavam-se em informação comercial. As mesmas notícias podiam ser apresentadas como notícias económicas e gerais. Nos anos 90, a Reuters torna-se um dos maiores fornecedores de serviços económicos do mundo. A agência aprova a criação de uma nova sociedade gestora de participações sociais, a Reuters Group plc. Esta decisão explica-se pela necessidade de ter em conta os interesses dos investidores em termos de dividendos, ou seja, de lucros. Em primeiro lugar, a sociedade gestora de participações sociais permite devolver imediatamente o capital aos acionistas sem perdas fiscais significativas. Em segundo lugar, permite reduzir o número de acções emitidas. Em terceiro lugar, proporciona uma oportunidade de pagar o capital excedentário aos acionistas e de proceder à recompra de acções sem as restrições impostas pela legislação britânica às reservas detidas para distribuição.

Assim, a transformação do estatuto económico da Reuters levou a um reforço significativo dos serviços económicos em detrimento dos serviços jornalísticos. Durante este período, surgiram 20 novos produtos económicos da empresa, a agência tornou-se o maior fornecedor de serviços financeiros, a maioria dos quais com uma relação muito distante com o jornalismo. É de salientar que a Reuters se esforçou não para trabalhar com pequenas empresas de consumo, mas para fornecer notícias a instituições financeiras macroeconómicas globais.

Desde o início do século XXI, a Reuters tem sido referida como uma empresa pública. Em junho de 2003, a empresa tinha 32431 acionistas, com um total de 1394.000 acções em circulação. Os maiores acionistas são: fundos de investimento e trusts (32%); fundos de pensões (26%); acionistas depositários americanos (12%); bancos estrangeiros (6%); companhias de seguros (5%); acionistas individuais (4%); sociedades gestoras de participações sociais (2%); organizações sem fins lucrativos (2%); e governos estrangeiros (1%). Outras organizações cujo capital não excede 100.000 acções detêm, em conjunto, cerca de 10% das acções. Geograficamente, a distribuição dos acionistas é a seguinte: Reino Unido (46%), EUA (38%), Europa (10%), Ásia-Pacífico (1%), outros países (2%). Podemos assim concluir que a Reuters é uma empresa transnacional clássica em que os acionistas anglo-americanos desempenham um papel fundamental. Além disso, trata-se de um verdadeiro mecanismo transfronteiriço, o que, de facto, tornou nominal o estatuto da agência britânica.

O principal órgão de governo da empresa é a assembleia de acionistas. As reuniões realizam-se anualmente. Nelas são analisadas as questões que dizem respeito aos problemas mais importantes, o plano de desenvolvimento da empresa, incluindo a eleição do Conselho de Administração. É este órgão que gere a empresa. É composto por 5 diretores executivos, incluindo o CEO (atualmente Tom Glocer) e 8 diretores ordinários, incluindo o Presidente (atualmente Christopher Hogg). O Conselho de Administração é eleito 6 vezes por ano e também realiza uma reunião especial todos os anos para definir a estratégia para o ano seguinte. O Conselho de Administração decide a estratégia da empresa de acordo com as suas metas e objectivos. Decide também sobre o orçamento, as principais transacções e o capital acionista.

Para preservar as tradições da Reuters, funciona uma empresa especial dos fundadores, a Fuanders Company, a Reuters Trust, constituída por 15 pessoas. Tem o poder de bloquear decisões maléficas que visem alterar o estatuto da agência noticiosa ou violar as suas tradições de recolha e divulgação de informação. A agência tem uma equipa de cerca de 14.000 pessoas. Este é o número mais elevado de todas as agências noticiosas. No entanto, o número de jornalistas é de apenas 2.200. Os gabinetes estrangeiros representam 197 deles.

Os produtos *financeiros* da Reuters, que contribuem para as principais receitas da agência, são distribuídos a 521 000 utilizadores em 52 800 locais. Estes produtos são classificados em produtos de informação financeira (que fornecem aos clientes informações sobre os mercados financeiros) e produtos operacionais (que permitem aos clientes efetuar eles próprios transacções de mercado). Os produtos de informação financeira estão reunidos no sistema 3000, que foi criado em 1997. A.G. Kiselev observa: "Estes incluem os seguintes serviços: "Markets-3000", "Money-3000", Securitis-3000", "Real Estate-3000", "Terjuri-3000" e "3000- Extra"". [15, c. 346].

1. O "Markets 3000" é um serviço que abrange os mercados monetário, de mercadorias e de rendimentos financeiros. Fornece dados de mercado em tempo real, notícias e televisão, informações históricas. Um potente software informático permite

aos clientes visualizar, analisar e adaptar rápida e facilmente a informação aos seus sistemas. O "Markets-3000" não tem de escolher entre várias fontes para obter uma imagem completa do mundo, o que está a acontecer no mercado, porque o serviço analisa e coloca contas estatísticas e direcções mais favoráveis. Os utilizadores têm a oportunidade de trabalhar mais rapidamente e fazer os seus negócios.

2. O serviço Money 3000 foi concebido para quem trabalha nos mercados monetários mundiais. Permite-lhe fazer cálculos, procurar oportunidades de mercado, utilizar panoramas históricos e fazer previsões económicas. Os comerciantes de moeda e de divisas utilizam-no para obter taxas e relações monetárias, bem como uma imagem dos mercados monetários. O serviço reúne informações de milhares de fontes diferentes para colocar as informações recolhidas no ecrã do cliente, fornecendo-lhe uma imagem completa do que está a acontecer nos mercados monetários. Isto facilita muito a tomada de decisões por parte dos clientes, permitindo-lhes atuar rapidamente e com confiança.

3. O "Securities-3000" permite aos clientes receber informações sobre títulos, índices e dados macroeconómicos e analisar o seu estado. Graças a uma extensa base de dados, os gestores têm a oportunidade de selecionar empresas para investimento de acordo com os critérios necessários.

4. O serviço "Real Estate-3000" tem como objetivo analisar o estado dos mercados imobiliários, os investimentos actuais e previstos nesta esfera. O sistema inclui serviços de negociação e trading que permitem aos clientes efetuar transacções em tempo real.

5. O serviço Trejuri-3000 inclui uma combinação de dados em tempo real, notícias, uma ampla base de dados que consiste em informações sobre acções e dados históricos de preços de acções. Utilizando informações históricas e notícias actuais do mercado Trejuri 3000, os corretores podem fornecer aos clientes análises de mercado aprofundadas que acrescentam valor ao seu aconselhamento. As notícias financeiras em tempo real, apresentadas em texto e relatórios televisivos, ajudam os investidores a tomar as suas decisões mais rapidamente.

6. O sistema 3000-Extra fornece informações analíticas combinadas sobre todos os

produtos de informação financeira da Reuters. O sistema 3000-Extra fornece informações analíticas combinadas sobre todos os produtos de informação financeira da Reuters.

7. "Os sistemas abertos permitem que os consumidores criem o seu próprio acesso aos dados do mercado financeiro. O cliente tem a possibilidade de combinar informações de diferentes fontes. Por exemplo, informações da Reuters, informações de outros vendedores do mercado e as suas próprias informações. Os "sistemas abertos" incluem o sistema Triarch, que permite aos clientes receber, distribuir e apresentar mensagens de várias fontes, o sistema Reuters CCL, que proporciona um acesso de interface aberta a informações em tempo real, e o sistema Cobra, que permite aos clientes criar o seu próprio equipamento editorial personalizado.

8. O serviço Euromarket fornece aos clientes informações sobre oportunidades de negociação e investimento. Fornece informações sobre preços e cotações dos mercados europeus - mercados monetários, de divisas, de acções e de obrigações do Estado.

9. "A Reuters Television faz parte da série de produtos Reuters 3000 e está incluída sem qualquer preço de subscrição adicional. Oferece cobertura em direto de todos os principais acontecimentos económicos nos mercados globais. Os relatórios sobre contratos, inflação, situação das empresas e mudanças de gestão são acompanhados por comentários de especialistas, políticos e qualquer outra pessoa cuja opinião possa ser relevante. A televisão utiliza a rede de correspondentes da Reuters, bem como as câmaras da agência localizadas em todo o mundo, incluindo em instituições governamentais e financeiras.

10. Em 2001, a Reuters comprou o sistema de Internet americano Bridge Channel, que necessita de um programa Java normal sem hardware adicional para funcionar.

11. O serviço DataScope fornece mensagens sobre temas históricos e de referência. Além disso, o sistema oferece informações sobre as acções em 180 bolsas mundiais no final de cada dia, 175 cotações de divisas, cotações cruzadas e a prazo, futuros e oportunidades.

Os produtos *operacionais* da Reuters estão integrados no serviço global 2000-2, que é agora um sistema global de corretagem eletrónica. Este sistema permite o acesso a terminais vídeo normalizados dos corretores para clientes de instituições financeiras de todo o mundo. O centro de controlo central do sistema situa-se em Londres. É duplicado por sucursais em Hong Kong, Nova Iorque, Nicósia e Tóquio. A.G. Kiselev observa que "os produtos operacionais da Reuters incluem "Dilling-2000-1", "Dilling-2000-2", "Dilling-2000-2 forwards", "Trading Room e "Diltracker"". [15, c. 358].

1. "O Dealing 2000-1 é o serviço líder mundial que permite aos corretores comunicarem entre si. Proporciona aos negociadores de moeda e do mercado monetário a capacidade de contactar e negociar com 24.000 parceiros comerciais. Os operadores podem selecionar um parceiro de negociação em todo o mundo com o toque de um botão e, quando recebem uma resposta, podem entrar em negociações electrónicas. Cada estação de negociação pode permitir negociações simultâneas com quatro parceiros diferentes. Ao mesmo tempo, a comunicação é registada em cartões especiais, o que permite aos clientes consultar os pormenores da conversa.

2. O serviço Dealing-2000-2 é um sistema de negociação eletrónica anónimo. Oferece cotações para uma multiplicidade de pares de moedas e permite aos clientes poupar quantias significativas de dinheiro, uma vez que os consumidores não incorrem em custos de transação.

3. O serviço Dealing-2000-2 Forwards opera em 21 países e utiliza 16 instrumentos a prazo, oferecendo transacções para prazos até um ano, incluindo todos os períodos intermédios.

4. A "Sala de Negociação" oferece a possibilidade de negociar com base em informações de preços de mercado em tempo real. Também permite que os participantes no mercado anunciem os preços das acções aos seus clientes, que podem responder-lhes e fornecer orientações através da rede fiável e de alta velocidade da Reuters. O foco estratégico da Sala de Negociação é o mercado de renda fixa, com foco em títulos do governo e ações de empresas.

5. O Diltracker acrescenta valor aos programas de negociação, permitindo aos

bancos armazenar informações e apresentar dados graficamente. Os sistemas de negociação eletrónica são uma fonte valiosa de informação, desde os preços de negociação até às informações sobre os parceiros.

Os serviços *noticiosos* da Reuters incluem: Serviços "World Service", "Business Report" e "Online".

1. O carro-chefe desta categoria é o World Service. Este serviço destina-se a clientes dos meios de comunicação social. O World Service produz cerca de 600 histórias por dia, com uma cobertura de 24 horas que muda regularmente, desde questões políticas, diplomáticas e sociais a notícias sobre ciência, negócios, desporto e cultura. O serviço analisa as notícias e faz previsões nos domínios económico e financeiro.

2. O serviço Business Report inclui notícias, análises, comentários e previsões para os sectores empresarial, económico e financeiro fornecidos pelos serviços regionais da Reuters. A informação para o Business Report é fornecida pelos quatro serviços da agência noticiosa, que incluem

operam em diferentes continentes: europeu, norte-americano, latino-americano e asiático.

3. No serviço em linha, as 10 principais notícias mudam de hora a hora sob a forma de um sammarie e um parágrafo. Além disso, as notícias de última hora são acrescentadas logo que ocorrem os acontecimentos a que se referem. As notícias em forma de resumo podem ser vistas pelo público de forma mais completa, incluindo um contexto e uma análise alargados.

Assim, podemos concluir que, em primeiro lugar, a recolha e transmissão de mensagens informativas em meados do século XIX se tornou muito relevante, porque nesta altura a sociedade precisava de cobrir acontecimentos e fenómenos. Além disso, o desenvolvimento da tecnologia exigia a sua promoção no mercado de bens. O desenvolvimento da educação e a acumulação de capital criaram um mercado para os publicitários.

Em segundo lugar, o aumento do número de leitores e da circulação das publicações londrinas implicou a profissionalização e a industrialização da imprensa. O público da Reuter's era constituído principalmente por homens da classe média com opiniões liberais, pelo que as informações que a agência publicava se destinavam a eles. Os vitorianos de mentalidade liberal valorizavam a exatidão das informações, pelo que a Reuter's controlava de perto a qualidade da sua produção. Com a eclosão da Primeira Guerra Mundial, a Reuters tornou-se uma agência do Império Britânico. Este facto colocou-a fora da concorrência no mercado nacional e reforçou muito a sua posição no mercado internacional. Os monopólios nos meios de comunicação social tornaram-se um fenómeno comum.

Em terceiro lugar, as mudanças económicas na Reuters reflectiam uma tendência geral no desenvolvimento das agências noticiosas no início do século XX. Nessa altura, as associações de imprensa estavam a ser formadas para reduzir os custos da recolha de notícias. Afinal, as agências noticiosas estavam a tornar-se cada vez mais caras à medida que a tecnologia avançava. Para além da Reuters, as empresas de Espanha, Dinamarca e Noruega foram empresarializadas. Nos países onde estavam a surgir, manteve-se a forma de associações de imprensa numa base cooperativa.

Em quarto lugar, nos anos do pós-guerra, a Reuters encontrou novas formas de manter as suas posições de liderança no mercado mundial da informação e de conquistar novas posições. Os êxitos dos correspondentes no trabalho jornalístico, bem como uma política de gestão competente, permitiram que, nos anos 70-80 do século XX, a agência se estabelecesse firmemente como uma agência noticiosa mundial. Além disso, foi dada muita atenção às notícias económicas e financeiras. Os serviços de negociação e de corretagem tornaram-se parte integrante do sistema financeiro. O desenvolvimento das actividades económicas contribuiu para o desenvolvimento da Reuters enquanto empresa. A Reuters esforça-se por fornecer notícias às instituições financeiras macroeconómicas mundiais. Foi este tipo de notícias que começou a atrair a atenção da direção da empresa.

Em quinto lugar, a Reuters é uma empresa transnacional clássica, em que os acionistas anglo-americanos desempenham um papel fundamental. Em 2008, a agência foi comprada pela Thomson Corporation do Canadá, a maior holding de media do mundo. Após a transação, a Reuters e a Thomson fundiram-se na Thomson Reuters Corporation, que tem cerca de 14 000 empregados a trabalhar em 91 países. A agência é líder mundial no fornecimento de informação, pelo que as principais prioridades no desenvolvimento da empresa são definidas como a sua expansão e o investimento em projectos de informação. Esta estratégia de desenvolvimento permite à Reuters manter o seu estatuto no mercado global, e a informação fornecida é procurada pelos consumidores.

A polivariância dos métodos criativos da Reuters: política

Na era da concorrência pela velocidade de transmissão da informação, os jornalistas passaram a valorizar a capacidade de obter rapidamente a informação necessária e de a processar rapidamente para publicação nas páginas da publicação. É de salientar que o problema da velocidade, ou ritmo, influenciou a seleção dos géneros adequados. O papel de uma agência noticiosa é encontrar informações frescas sobre temas de interesse público e ser capaz de as transmitir rapidamente e com precisão aos seus leitores. Os factos mais importantes que definem as notícias são os seguintes: frequência de repetição, magnitude, clareza, sensacionalismo e dinamismo (desenvolvimento de um acontecimento anterior). Entre os principais requisitos que uma notícia deve cumprir estão: rapidez, brevidade, compacidade e exatidão.

1. "Reuters".

Redigido por Amanda Becker e David Morgan com contribuições de Richard Cowan, Doina Kiaku e Susan Heavey, datado de 20 de outubro de 2017.

Título: "O Senado dos EUA aprova um projeto orçamental fundamental para a reforma fiscal de Trump".

Leed: "A proposta de reforma fiscal do Presidente dos EUA, Donald Trump, passou um obstáculo significativo na quinta-feira, depois de o Senado ter aprovado um projeto de orçamento para 2018 que poderá permitir aos republicanos aprovar um projeto de redução de impostos sem o apoio dos democratas" [2].

Por. Presidente dos EUA, Donald Trump. O quê? A reforma fiscal passou uma barreira significativa. Onde? EUA, América. Quando. Quinta-feira. Porquê. Depois de o Senado ter aprovado o projeto de orçamento para 2018. Como. Os republicanos vão aprovar um projeto de lei de redução de impostos sem o apoio dos democratas.

Com base neste lide, o leitor pode ler a informação e depois obter informações e detalhes adicionais: "O Senado, controlado pelos republicanos, aprovou o projeto de orçamento por uma votação de 51 a 49. A sua aplicação aumentaria o défice orçamental do Estado em 1,5 biliões de dólares nos próximos dez anos devido à necessidade de compensar os cortes de impostos propostos." Os factos permitem que o material seja mais construtivo e preciso, com menos recurso a coloração emocional. O artigo introduz uma citação direta do líder da maioria no Senado, Mitch McConnell: "Com este orçamento, estamos a caminho de um alívio muito necessário para os americanos, para as famílias que suportam o peso de um código fiscal injusto". O autor explica a essência do que está a acontecer: "O projeto de orçamento aprovado pelo Senado contém um instrumento legislativo que permitirá aos republicanos aprovar a reforma fiscal com uma simples maioria de votos". A introdução de palavras de fontes oficiais no texto torna o material factual e exato: "A Casa Branca diz que o plano dos republicanos de reduzir a taxa de imposto sobre as empresas de 35% para 20% criará novos empregos e aumentará os salários dos trabalhadores da indústria." Desta forma, o autor resume o material e apresenta diferentes pontos de vista.

2. "Reuters".

Escrito por Isla Binnie, datado de 21 de outubro de 2017.

O título é "Espanha retira o governo da Catalunha do poder e organiza eleições".

Leed: "As autoridades espanholas anunciaram no sábado que iriam dissolver o governo catalão e realizar novas eleições, citando como objetivo desta medida sem precedentes evitar a secessão da região." [5].

Por quem? As autoridades espanholas. O quê? Anunciaram a dissolução do governo catalão e a realização de novas eleições. Quando? No sábado. Onde? Em Espanha. Porquê? Pela medida inédita de impedir a secessão da região. Assim, pode ver-se que o lead responde a perguntas-chave que ajudam o leitor a entrar na essência do acontecimento.

O autor prossegue revelando o que está a acontecer em Espanha: "O plano, que requer a aprovação da Câmara Alta do Parlamento espanhol, o Senado, destina-se a resolver a pior crise política do país em 40 anos, mas é pouco provável que agrade aos apoiantes da independência catalã que planeiam sair à rua no sábado com protestos". É inserida uma citação direta do primeiro-ministro espanhol Mariano Rajoy: "Vamos pedir ao

Senado que, para proteger os interesses comuns do povo, aprove a demissão do presidente catalão e do seu governo". Os dados históricos dizem ainda que: "É a primeira vez na história de Espanha, desde o regresso à democracia no final dos anos 70, que o governo central exerce o direito constitucional de assumir o controlo da região e de a gerir diretamente a partir de Madrid". O jornalista explica o plano aos leitores: "Isto significa que o governo central terá controlo total sobre a polícia, as finanças e os meios de comunicação da região. Os poderes do parlamento regional também serão limitados". A estruturação das notícias permite que o público absorva mais rapidamente os acontecimentos e se mantenha informado sobre a situação política sem perder muito tempo.

3. "Reuters".

Escrito por Sam Edwards em Barcelona, Julien Toyer.

Título - "Espanha impõe domínio direto sobre a Catalunha após a independência", de 27 de outubro de 2017.

Leed: "A Câmara Alta do Parlamento espanhol deu ao governo do primeiro-ministro Mariano Rajoy o direito de governar diretamente a Catalunha, minutos depois de o parlamento da região ter declarado a independência." [47].

Quem? O primeiro-ministro Mariano Rajoy. A Câmara Alta do Parlamento espanhol concedeu o direito de governar diretamente a Catalunha. Onde? Em Espanha. Quando? Minutos depois de o parlamento da região ter declarado a independência.

O lead é conciso, porque depois de o ler, compreende-se imediatamente a essência da notícia. A parte principal começa com os próximos assuntos do primeiro-ministro espanhol Mariano Rajoy: "Espera-se que Rajoy convoque uma reunião do gabinete para chegar a acordo sobre as primeiras medidas para governar a Catalunha. Estas medidas poderão incluir a dissolução do governo de Barcelona e a imposição de um controlo direto sobre a polícia catalã". Embora a declaração tenha sido apenas um gesto simbólico, uma vez que nem a Espanha nem a comunidade internacional reconhecem a independência da região, as acções de Madrid e Barcelona já provocaram a pior crise política no país nos últimos quarenta anos. O primeiro-ministro espanhol, Mariano Rajoy, apelou à calma, escrevendo no Twitter minutos depois da votação no parlamento catalão: "Peço calma a todos os espanhóis. O Estado de direito restabelecerá a lei e a ordem na Catalunha". O jornalista chama a atenção dos leitores para os documentos oficiais: "O documento aprovado pelo parlamento regional de Barcelona, que foi boicotado pela oposição, afirma que a Catalunha é um Estado social-democrata independente e soberano. O documento apela aos outros países e instituições para que reconheçam a independência do país". O texto diz ainda que a Catalunha quer entrar em negociações com Madrid para estabelecer uma nova república. Além disso, são dadas informações sobre os resultados da campanha eleitoral: "70 dos 135 deputados do parlamento catalão votaram a favor da independência, 10 foram contra e dois abstiveram-se, disse o presidente do parlamento. Os representantes do Partido Socialista, do Partido Popular e do Partido Cidadão abandonaram o parlamento antes da votação, em sinal de protesto". Mariano Rajoy é citado como tendo dito ao dirigir-se ao Senado: "Só vale a pena recorrer a medidas excepcionais quando todas as outras medidas tiverem sido esgotadas. Penso que não há alternativa. A única coisa que pode ser feita e deve ser feita é a adoção e aplicação da lei". Este material não se baseia apenas em crenças e opiniões pessoais. A citação direta permite refletir os pontos de vista dos funcionários.

4. "Reuters".

O autor é Irem Kodja.

Título: "A Turquia comprou sistemas de mísseis S-400 à Rússia - Ministro", de 13 de novembro de 2017.

Leed: "A Turquia concluiu a compra de sistemas de mísseis russos S-400, mas Ancara está a discutir um acordo com um consórcio europeu para obter ajuda no desenvolvimento do seu próprio sistema de defesa antimíssil, disse o ministro da Defesa turco, Nurettin Canikli" [16].

A tampa contém uma citação direta das palavras do Ministro da Defesa turco. Isto indica a fiabilidade da informação. A parte principal do artigo começa com a opinião dos aliados ocidentais que viram a decisão da Turquia, membro da NATO, de comprar sistemas S-400 à Rússia como um protesto contra a aliança. O negócio também provocou receios de que o S-400 não pudesse ser integrado no sistema de armas da NATO. Um alto comandante da NATO, Gianikli, disse à Reuters, na semana passada, que a aliança iria continuar a pressionar Ancara para comprar armas que possam ser integradas nos sistemas da NATO e que, até agora, a Turquia ainda não recebeu o S-400. O autor escreve que "fontes do Ministério da Defesa turco disseram na semana passada que Canikli concluiu na quarta-feira uma carta de intenções com a França e a Itália para reforçar a cooperação em projectos de defesa, incluindo a defesa antimíssil". Assim, a notícia baseia-se na opinião de um alto comandante da NATO, o que indica que a fonte da informação é oficial.

5. "Reuters".

O autor é Silvio Castellanos.

O título é "Manifestantes na Catalunha bloqueiam estradas", datado de 8 de novembro de 2017.

LÍDER: "Os independentistas catalães que protestam contra a prisão de políticos regionais destituídos bloquearam estradas, provocando enormes engarrafamentos à entrada de Barcelona, e algumas carreiras de transportes públicos quase deixaram de funcionar" [13].

Quem? Os apoiantes da independência da Catalunha. O quê? Bloqueios de estradas. Como? Protestando contra a prisão dos políticos regionais destituídos.

Através do rosto lacónico, o leitor consegue captar imediatamente a essência do que está a ser descrito, o que é evidente neste material. Enormes engarrafamentos de trânsito foram provocados por dezenas de pessoas que bloquearam as principais vias da região, segurando cartazes e gritando "liberdade para os presos políticos", enquanto as redes sociais relatavam pequenos confrontos quando a polícia tentava fazer recuar os manifestantes, como evidenciado por imagens de vídeo. O autor refere as consequências dos acontecimentos que afectaram a Catalunha: "A procura da independência da Catalunha conduziu a Espanha à sua pior crise política em décadas, exacerbando as divisões políticas e culturais e obrigando milhares de empresas a deslocalizarem os seus escritórios da região problemática".

A polivalência dos métodos criativos da Reuters: economia

Cada notícia tem um tema e é precedida de um acontecimento específico. O acontecimento inclui três outros elementos: a fonte, o conhecimento e o tempo. Além disso, o valor da informação depende da fonte.

1. "Reuters".

Autora Charlotte Greenfield.

O título é "New Zealand Prime Minister says foreigners will be banned from buying homes from the start of 2018", datado de 31 de outubro de 2017.

LEAD: "A primeira-ministra da Nova Zelândia, Jacinda Ardern, disse na terça-feira que a proibição de estrangeiros comprarem propriedades começará no início de 2018, mas as restrições não se aplicarão aos australianos" [9]. Um lead corretamente redigido inclui respostas a perguntas que podem interessar aos leitores.

Quem. A primeira-ministra da Nova Zelândia, Jacinda Ardern. O quê? Anunciou uma proibição de compra de propriedades. Onde? Nova Zelândia. Quando. A partir do início de 2018.

O autor prossegue revelando os factores causais que levaram a esta decisão: "A crise da habitação foi deixada sem solução pela anterior Administração Nacional. A crise da habitação, politicamente sensível, fez com que os preços aumentassem mais de 50 por cento a nível nacional durante a última década. Na cidade de Auckland, os preços quase duplicaram durante este período. O banco central considera que a subida em flecha dos preços constitui um risco económico importante". O banco central explica ainda por que razão os australianos não são afectados pela proibição: "A proibição não se aplica aos australianos porque os neozelandeses estão isentos de restrições à posse de propriedades na vizinha Austrália, onde vivem muitos neozelandeses". Além disso, são relatadas informações factuais, provenientes de documentos. Alguns números do governo mostram que o número de vendas de casas incluindo estrangeiros é de apenas cerca de 3%, embora os trabalhistas tenham criticado os dados e afirmem que excluem muitos proprietários, incluindo aqueles que compram propriedades através de fundos fiduciários.

2. "Reuters".

O autor é Mariki Kochiashvili.

O título é "Bloodhound car launches", datado de 26 de outubro de 2017.

Leed: "O veículo supersónico Bloodhound, na verdade um caça sobre rodas, começou a funcionar na quinta-feira, atingindo eventualmente 1.000 mph (1.610 km/h)." [18]. Logo no início do material, o autor coloca informações com dados precisos.

O quê? O veículo supersónico Bloodhound. O quê? Está operacional. Quando. 26 de outubro de 2017. Onde? Em Inglaterra. Como. Atingindo 1.000 quilómetros por hora.

A parte principal da peça começa com uma descrição do carro: "Perante uma multidão de espectadores, uma nave espacial azul e laranja com uma cauda alta e um longo nariz em forma de foguetão lançou duas corridas de teste numa pista de 1,7 quilómetros (2,7 km), atingindo 320 km/h (200 mph) em cerca de nove segundos". Além disso, são indicados os parâmetros exactos do carro: "Foi o primeiro teste público do carro, equipado com o motor a jato EJ200 do Eurofighter Typhoon, em antecipação de um recorde mundial na África do Sul nos próximos anos". O jornalista inclui ainda um comentário do piloto Andy Green: "Viemos aqui para dizer que o Bloodhound está a chegar! E foi exatamente isso que conseguimos demonstrar hoje. Desempenho, maneabilidade, estabilidade - não tenho qualquer defeito no carro, funcionou de forma brilhante". Na última secção, o autor apresenta aos leitores o projeto que serviu para concretizar a técnica. O Projeto Bloodhound foi lançado em 2008 em Londres para desenvolver um carro capaz de atingir velocidades de 1.000 mph. Cerca de 30 milhões de libras (39,49 milhões de dólares) foram investidos no projeto graças ao apoio do público e de patrocinadores, incluindo o Heli Auto Group da China e a Rolls Royce, entre outros. Além disso, é introduzido um pressuposto: "Se o carro com cerca de 13 metros de comprimento atingir o seu objetivo de 1.000 mph, ultrapassará o recorde de baixa altitude para aviões de 994 mph." Para mais informações, o jornalista comparou a velocidade do carro com coisas ilustrativas. Por exemplo, a 1.000 milhas por hora, cobriria uma distância equivalente a mais de quatro campos de futebol por segundo.

3. "Reuters".

Autora Elizabeth O'Leary.

Título - Diamond Merlin abrirá Legoland de 350 milhões de dólares no Estado de Nova Iorque, datado de 26 de outubro de 2017.

LEAD: "O terceiro parque temático da Legoland na América do Norte, com brinquedos coloridos caraterísticos, será construído no estado de Nova Iorque, num investimento de 350 milhões de dólares da britânica Merlin Intertaimont, disse a empresa num comunicado na quinta-feira." [26]. O artigo inclui dados exactos e responde às principais questões:

Quem? Merlin. O quê? Parque temático. Onde? Nova Iorque. Quando? Em breve. Como? Com o investimento da empresa.

A parte principal começa com a localização geográfica do parque: "O parque, dedicado aos brinquedos preferidos das crianças, será construído em Goshen, Orange County, 60 milhas a noroeste da cidade de Nova Iorque, e servirá uma área de 23 milhões de pessoas". Um comentário do responsável da empresa é ainda publicado: "A Merlin, que opera atracções como o Museu de Cera Madame Tussauds em Londres, disse que o novo Legodend deverá abrir em 2020 e receberá os clientes entre abril e novembro." O significado social do parque é imaginado. Afinal, a sua construção prevê mais do que apenas uma função de entretenimento. A nova instalação criará mais postos de trabalho, o que ajudará a combater o desemprego: "O parque, que se juntará aos parques Legoland na Califórnia e na Flórida, deverá criar mais de 1.000 postos de trabalho, bem como 800 postos de trabalho na construção durante o seu desenvolvimento".

4. "Reuters".

Escrito por Giulia Segreti.

O título é "Armani plans to hand over fashion firm's stake", datado de 23 de outubro de 2017.

Leed: "Os planos de sucessão de Giorgio Armani incluem a transferência de parte do seu império de moda de elite para a sua própria fundação de caridade, para evitar qualquer aquisição ou desmembramento do grupo."

A secção principal apresenta aos leitores Giorgio Armani e as suas actividades: "No ano passado, Armani, de 83 anos, criou uma fundação em seu nome, na qual disse que tenciona dedicar o resto da sua vida. Com uma fortuna estimada em cerca de 6 mil milhões de dólares, continua ativo naquele que é o segundo maior grupo de moda de Itália, mas não nomeou um sucessor." [33]. De acordo com o seu plano de sucessão, a fundação, que já detém 0,1 por cento das acções de Giorgio Armani, assumiria uma participação maior. As restantes acções serão detidas pelos seus herdeiros, que só poderão vender as suas participações à fundação. O artigo conclui com as estatísticas de receitas da empresa: "Depois de uma queda de 5 por cento nas receitas em 2016, Armani disse que espera que as vendas caiam no mesmo montante tanto este ano como no próximo, mas que comecem a crescer novamente a partir de 2019. A posição de caixa do grupo melhorará para 1 bilhão de euros no final deste ano, acima dos 880 milhões de euros em 2016.

5. "Reuters".

O autor é Gleb Stolyarov.

Título - "A Globaltrack quer duplicar a frota e tornar-se líder de mercado em 3-4 anos", de 20 de outubro de 2017.

LEAD: "A empresa russa de transporte rodoviário de mercadorias Globaltrack, que na semana passada anunciou planos para uma OPI em Moscovo, espera tornar-se líder de mercado no transporte de cargas completas, duplicando a sua frota em 3-4 anos, graças a uma onda de recuperação económica" [36].

Quem? A empresa russa de transportes rodoviários Globaltrack. O quê? A empresa espera tornar-se líder de mercado no transporte de cargas completas. Onde? Moscovo. Quando? Após a IPO em Moscovo. Como? Duplicando a sua frota em 3-4 anos, na onda da recuperação económica.

Verifica-se que a tampa contém informações de base que serão desenvolvidas na publicação. A parte principal começa com uma citação direta. As palavras pertencem ao principal proprietário e Diretor Executivo da Globaltrack, Alexander Eliseev: "Temos uma visão estratégica clara para nos tornarmos um campeão nacional no segmento de transporte FTL na Rússia, por isso temos o objetivo de duplicar a nossa frota num horizonte de três a quatro anos." Seguem-se mais informações sobre a empresa e os seus produtos: "A Globaltrack, que possui uma frota de mais de 1.000 comboios rodoviários (1.090 camiões e 1.170 reboques), considera-se a segunda empresa de camionagem no mercado FTL em termos de dimensão da frota, a seguir à Delovye Liniya, e espera em breve tornar-se líder de mercado." Além disso, o autor publica estatísticas do Conselho Intersectorial de Peritos em Transportes Rodoviários: "De acordo com o Conselho Intersectorial de Peritos em Transportes Rodoviários, o transporte rodoviário de mercadorias representa atualmente dois terços de todo o transporte de carga na Rússia e, a médio prazo, espera-se que cresça 3,5% ao ano. Em 2016, o transporte de toda a carga por estrada atingiu 5,14 mil milhões de toneladas, de acordo com o Ministério dos Transportes". Esta informação ajudará os leitores a compreender a procura de investimentos nesta área, bem como a direção futura do desenvolvimento da empresa: "A empresa espera gastar o dinheiro, que planeia angariar com a ajuda da primeira IPO nesta indústria, incluindo no aumento da sua frota em 350-450 comboios rodoviários e na sua renovação parcial." O aumento da frota contribuirá para o crescimento das receitas, enquanto a renovação terá um impacto positivo na rentabilidade, uma vez que a manutenção de uma frota jovem é várias vezes mais barata do que a de uma frota antiga, disse Eliseev. Segundo ele, a manutenção de um camião novo custa 120.000-130.000 rublos no primeiro ano, "no quinto ano é muitas vezes mais". De acordo com informações fornecidas à Globaltrack pela Megaresearch, a frota total de transportadores russos de FTL totalizava 135.000 unidades no final de 2016." No texto acima, pode ler-se o resultado da implementação deste projeto no mercado global. Assim, o seu benefício torna-se óbvio. O caminho prioritário da direção é traçado: "Ao apostar no crescimento do negócio, a Globaltrack conta com o crescimento das cadeias de retalho, do comércio online e com as oportunidades de consolidação do mercado do transporte rodoviário de mercadorias, hoje quase totalmente ocupado por pequenas empresas." Além disso, a recuperação económica permite-lhes contar com o crescimento das tarifas, o que terá um impacto positivo nos lucros. Género - entrevista.

6. "Reuters".

Autor Mark Honrahan.

O título é "Sierra Leone to auction multi-million dollar pro-poor diamond", datado de 23 de outubro de 2017.

Leed: "A Serra Leoa espera angariar milhões de dólares para projectos de desenvolvimento através do leilão de um enorme diamante, que se acredita ser um dos maiores do mundo, em dezembro, na cidade de Nova Iorque." [43].

Quem? Serra Leoa. O quê? Espera angariar milhões de dólares para projectos de desenvolvimento. Onde? Nova Iorque. Quando? Em dezembro. Como? Leiloando um diamante enorme.

A parte principal da peça começa com informações sobre leilões realizados anteriormente. Além disso, é salientada uma caraterística do novo leilão: "Esta será a segunda tentativa do governo para vender a pérola de 709 quilates conhecida como o Diamante da Paz, depois de ter rejeitado a oferta mais alta de 7,8 milhões de dólares num primeiro leilão em maio". As pérolas serão vendidas num primeiro leilão em Freetown, capital da Serra Leoa, em maio". E continua, revelando o objetivo do leilão: "Mais de metade das receitas da venda serão usadas para financiar projectos de água potável, eletricidade, educação e saúde na Serra Leoa, e especialmente na aldeia de Koryardu, na região de Kono, no leste da Serra Leoa, onde o diamante foi descoberto." O jornalista inclui um comentário de um responsável, nomeadamente o presidente do grupo de empresas que vai gerir o leilão, Martin Rapaport: "Há uma razão pela qual a natureza deu estes diamantes às pessoas mais pobres do mundo e fez delas as pessoas mais ricas do mundo. É o Tikun Olam que faz do mundo um lugar melhor". A secção final fornece informações sobre o significado das jóias para o território: "Os diamantes alimentaram a guerra civil da Serra Leoa, que durou uma década e terminou em 2002, quando os rebeldes forçaram civis a extrair as pedras e compraram armas com os lucros, dando origem ao termo 'diamantes de sangue'."

7. "Reuters".

Escrito por Gus Trompis.

O título é "A falta de manteiga deixa os croissants franceses meio cozidos", datado de 24 de outubro de 2017.

Tampa: "Há falta de manteiga em França. Algumas prateleiras dos supermercados estão vazias e o preço dos croissants está a aumentar, criando uma dor de cabeça para o governo" [38]. [38].

Em seguida, revela a relação de causa e efeito que pode ser utilizada para descobrir a razão da escassez de manteiga em França: "A escassez é o resultado da diminuição da produção de leite e do aumento da procura de manteiga em todo o mundo, com as atitudes dos consumidores em relação à distribuição. Consequentemente, a subida dos preços e a redução das existências de leite exerceram pressão sobre os produtores e os transformadores de produtos alimentares, com algumas interrupções no fornecimento e um aumento dos custos para os retalhistas e os consumidores. Eis a opinião de Samir Kichou, proprietário de uma padaria em Paris: "Como se aproximam os dias festivos, com os preparativos para o Natal e especialmente para o bolo Galette des Rois, que precisa de muita manteiga, a menos que haja uma redução significativa, seremos forçados a repercutir os aumentos de preços". Os supermercados da capital e de outras regiões de França deixaram espaços vazios nas suas secções de manteiga e algumas lojas mostram sinais que explicam a escassez de certas marcas". O problema não afecta apenas os compradores e os consumidores. Os produtores de leite queixam-se de que pouco beneficiam com a subida do mercado da manteiga, argumentando que o que recebem se deve, na maior parte das vezes, aos preços mais baixos do leite cru e do leite em pó. Dominique Chargue, presidente da federação francesa das cooperativas de lacticínios, explica-o da seguinte forma: "O problema é que, no mercado francês, não foi dado o sinal correto aos produtores de leite, porque os preços não foram ajustados à diminuição da oferta de produtos lácteos". O governo está a tomar medidas: "O ministro da Agricultura, Stéphane Travert, disse que os retalhistas e os fornecedores devem acordar ajustamentos de preços para manter a oferta". O governo está a tomar medidas: "O ministro da Agricultura, Stéphane Travert, disse que os retalhistas e os fornecedores devem acordar ajustes de preços para manter a oferta". No entanto, os efeitos da crise podem prolongar-se até ao período de pico da procura nas férias, no final do ano.

8. "Reuters".

Autora Sarah White.

O título é "Demasiado sol. Cabelo demasiado seco: Loreal acrescenta Paris às startups de cor digital", datado de 20 de outubro de 2017.

Chumbo: "A Loreal, a maior empresa de cosméticos do mundo, quer ver mais tecnologia cosmética, como escovas de cabelo com sensores que lhe digam como cuidar do seu cabelo e cremes para a pele que lhe digam quanto sol está a apanhar". [41]. Em Lida, a autora informa os leitores sobre os novos projectos que a empresa de cosméticos tenciona realizar.

A parte principal do artigo começa com uma direção de desenvolvimento promissora: "A Loreal está a fazer cada vez mais vendas online e a fornecer serviços e artigos para consumidores de alta tecnologia, como uma aplicação para telemóvel para testes virtuais de maquilhagem. O grupo francês disse que planeja desenvolver mais invenções em um local de start-up em Paris, onde 10 a 12 empresas trabalharão em projetos Loreal a cada ano. A seguir, um comentário do presidente e CEO da Loreal, Jean-Paul Agon: "O mundo da beleza já está muito digitalizado. Isto permitir-nos-á ir ainda mais longe do que aquilo que fazemos atualmente. Afinal de contas, o orçamento do grupo para todas as coisas digitais está a crescer rapidamente. A Loreal gasta agora 35 por cento do seu orçamento em campanhas digitais e recrutou 1700 pessoas para trabalhar nesta área." Além disso, o jornalista refere os novos desenvolvimentos que a empresa pretende: "Para além de procurar novas tecnologias, tais como desenvolvimentos em inteligência artificial ou software de reconhecimento de voz, a

Loreal também irá trabalhar com start-ups para desenvolver novos produtos cosméticos, sejam eles cremes ou maquilhagem, diz a empresa."

A polivalência dos métodos criativos da Reuters: a esfera social

Uma notícia pode ter interesse se contiver novas informações, se se centrar em factos essenciais, se explicar como o acontecimento pode afetar a sociedade e os mercados financeiros e se indicar desenvolvimentos futuros.

1. "Reuters".

Escrito por Nerius Adomaitis, Tom Miles.

O título é "Grupo de luta contra as armas nucleares ganha o Prémio Nobel da Paz de 2017", datado de 6 de outubro de 2017.

Leed: "Uma campanha que visa a proibição global de armas nucleares ganhou o Prémio Nobel da Paz na sexta-feira, honrado por um comité Nobel que citou a proliferação de armas na Coreia do Norte e disse que o risco de uma guerra nuclear está a aumentar." [1].

Quem? A campanha. O quê? Prémio Nobel da Paz. Onde? Suíça. Quando. 6 de outubro de 2017. Porquê. Porque existe um risco crescente de guerra nuclear.

A parte principal do artigo remete os leitores para a história: "Os apoiantes descreveram o prémio como um potencial avanço para um movimento global que tem lutado pela proibição das armas nucleares desde o dia em que a primeira bomba atómica foi lançada sobre Hiroshima, no Japão, em agosto de 1945". A Aiken descreve-se como uma coligação de grupos não governamentais de base em mais de 100 países. Começou na Austrália e foi oficialmente lançada em Viena em 2007". No discurso de anúncio do prémio, a líder do Comité Nobel norueguês, Berit Reiss-Andersen, afirmou que o risco de utilização de armas nucleares é maior agora do que há muito tempo: "Alguns Estados estão a modernizar os seus arsenais nucleares e existe um perigo real de que mais países tentem adquirir armas nucleares, como é o caso da Coreia do Norte".

2. "Reuters".

Autora Miriam Berger.

O título é "Israel visa não atrair modelos com peso a menos para a indústria da moda", datado de 16 de outubro de 2017.

Leid: "Os legisladores israelitas querem tornar mais rigorosa a proibição de contratar modelos com peso a menos e de promover a perda de peso, uma vez que foi revelado que estas medidas são habitualmente ignoradas, mesmo quando tomadas no estrangeiro" [4]. O lead contém a informação que se segue de uma forma mais alargada. No entanto, descreve o problema: a promoção da perda de peso.

O corpo principal do artigo começa por descrever o tema e identificar o objetivo: "A utilização de modelos de cintura fina pela indústria da moda é, desde há muito, objeto de um aceso debate em todo o mundo. Os críticos afirmam que esta prática promove uma imagem corporal pouco saudável entre as mulheres, o que pode contribuir para a anorexia e outros distúrbios alimentares, bem como para preocupações com medidas irrealistas de perfeição". O nível legislativo em Israel e noutros países é ainda discutido: "Em 2012, Israel tornou-se o primeiro país a aprovar uma lei que exige que os anunciantes identifiquem explicitamente as fotografias photoshopadas e proíbam a utilização de modelos abaixo de um determinado índice de massa corporal (IMC), uma medida que expressa a relação entre o peso e a altura. Outros países, incluindo a França, o centro da indústria da moda, seguiram entretanto o exemplo de Israel. Mas, ao contrário da lei israelita 'antiphotoshopping', a legislação francesa, que entrou em vigor este mês, impõe multas e penas de prisão a quem não cumprir a lei". Além disso, o fotógrafo israelita Adi Barkan é citado como tendo dito: "O problema da lei israelita é que não há castigo. Assim, continua-se a contratar raparigas magras e ninguém o proíbe". Consequentemente, o governo israelita elaborou um novo projeto de lei: "As modelos devem obter um certificado médico que confirme um IMC normal. Os anúncios apresentados em Israel devem também indicar claramente se recorreram a técnicas de edição informática para retocar ou reduzir a silhueta". O repórter também recebeu um comentário da supermodelo israelita Maayan Keret, que revelou ter desenvolvido um distúrbio alimentar depois de ter "sentido muita pressão de toda a gente" para perder peso constantemente. Agora, depois de ter ultrapassado a doença, está a trabalhar para promover imagens positivas do corpo.

3. "Reuters".

Autor Gavin Jones.

O título é "A Itália recuperou um mosaico roubado do navio do imperador Calígula", 22 de outubro de 2017.

Tampa: "Um mosaico do chão de um dos luxuosos navios privados do imperador romano Calígula, roubado após a Segunda Guerra Mundial, está a ser devolvido a Itália vindo dos Estados Unidos, onde foi recuperado de uma coleção privada." [10]. Leed apresenta um caso que tem raízes históricas.

A parte principal descreve os mosaicos e indica a sua proveniência: "Os mosaicos de mármore, serpentina e pórfiro do século I d.C. provêm de um dos vasos cerimoniais de Calígula que foi descoberto no fundo do Lago Nemi, perto de Roma, na década de 1930. O artefacto, roubado do museu de navios italianos de Roma depois da guerra, foi confiscado pela Ordem dos Advogados do Condado de Nova Iorque da coleção de uma mulher italiana residente em Nova Iorque, após uma investigação policial". A secção final inclui informações sobre objectos que também foram devolvidos aos locais de onde foram retirados anteriormente: "Entre outros objectos da era romana recuperados, encontra-se um vaso da região da Apúlia, datado de cerca de 350 a.C., que foi parar ao Metropolitan Museum of Art de Nova Iorque, e duas ânforas do século IV ou V a.C. O vaso foi escavado ilegalmente nos anos 80".

4. "Reuters".

Escrito por Simon Johnson e Justina Pavlak com contribuições de Anna Ringström, Niklas Pollard, Johannes Hellström e Daniel Dixon.

O título é "Prémio Nobel da Literatura atribuído a Kazuo Ishiguro", datado de 5 de outubro de 2017.

LEAD: "O escritor britânico nascido no Japão, Kazuo Ishiguro, ganhou o Prémio Nobel da Literatura de 2017, anunciou na quinta-feira a Real Academia Sueca de Ciências". [11].

Quem? Kazuo Ishiguro. O quê? O Prémio Nobel da Literatura. Onde? Suécia. Quando.

Quinta-feira, 5 de outubro de 2017.

Depois de ler este artigo, o leitor ficará interessado em obter informações sobre a essência da obra do escritor britânico, bem como sobre o que a distingue das restantes. Assim, o jornalista escreve ainda em pormenor sobre a obra: "Ishiguro foi galardoado com o Booker Prize pelo seu romance "O Resto do Dia", publicado em 1989 e que serviu de base ao filme com o mesmo nome, nomeado para oito "Óscares". A Academia Sueca afirmou que, em "romances de grande poder emocional", o escritor "revelou o abismo por detrás da nossa ilusória sensação de ligação ao mundo". Ishiguro receberá um prémio de 9 milhões de coroas suecas (1,1 milhões de dólares). O vencedor do Prémio Nobel da Literatura do ano passado foi o poeta e músico americano Bob Dylan". Na secção final, o autor apresenta aos leitores os trabalhos literários do Prémio Nobel: "As obras de Ishiguro, que se mudou para a Grã-Bretanha quando era criança, tratam frequentemente de temas como a memória, o tempo e o auto-engano, segundo a academia". A opinião de um especialista também é mencionada: "De acordo com a secretária permanente da Academia Sueca Sara Danius, a obra do escritor 'combina Jane Austen e Franz Kafka'". O autor recorda pessoas notáveis que também foram galardoadas com o prémio: "Este triunfo coloca Ishiguro, de 62 anos, a par de outros vencedores do prémio mais prestigiado do mundo no domínio da literatura - Alexander Solzhenitsyn, Doris Lessing e Ernest Hemingway". O nome do prémio foi dado em honra de Alfred Nobel, o inventor da dinamite, e foi atribuído pela primeira vez em 1901, de acordo com o seu testamento, por realizações nas áreas da ciência, da literatura e da paz". Desta forma, o material liga um novo acontecimento a uma fonte histórica. A estruturação da mensagem permite-lhe familiarizar-se com a ocasião informativa em pormenor e alargar os seus horizontes.

5. "Reuters".

Escrito por Alexander Meneghini, Sarah Marsh.

Intitulado "Active wi-fi hotspots demand more internet access", 23 de outubro de 2017.

A tampa: "Ao anoitecer, quando o calor das Caraíbas diminui, os parques de Cuba enchem-se de famílias que conversam por vídeo com os seus entes queridos que vivem noutro país ou que navegam nas redes sociais, com os rostos iluminados por telemóveis e tablets." [23].

A parte principal do artigo começa com um facto: "A introdução de dois hotspots wi-fi em locais públicos cubanos, há dois anos, desenvolveu uma ilha com o regime comunista. Despertou o interesse dos cubanos por um acesso melhor e mais barato à Internet". Maribel Sosa, sozinha com a filha na esquina de um parque em Havana, usava o chat de vídeo para se ligar à família nos Estados Unidos. Lembra-se de ter passado a noite na fila de um telefone público para falar com o irmão durante alguns minutos, depois de ele ter emigrado para a Florida nos anos 80". Além disso, o repórter chama a atenção para os preços das tarifas: "Dado o custo relativo das ligações à Internet, os cubanos utilizam-na sobretudo para se manterem em contacto com a família e os amigos. Apesar da redução dos preços, a taxa horária de 1,50 dólares corresponde a 5% do salário médio mensal de 30 dólares do Estado". O monopólio estatal das telecomunicações prometeu ligar toda a ilha e ligou várias centenas de casas em Havana no final do ano passado como projeto-piloto. O governo de Havana diz que tem sido lento a desenvolver as infra-estruturas de rede devido aos elevados custos, em parte devido ao embargo comercial dos EUA. Os críticos dizem que o governo tem medo de perder o controlo. Os utilizadores dizem que a qualidade das ligações à Internet deve ser melhorada, bem como as medidas que preservam as políticas de privacidade para mensagens e chamadas.

6. "Reuters".

Escrito por Costas Pitas.

Título - "Oxford tornar-se-á a primeira cidade britânica a proibir os automóveis a gasolina e a gasóleo no centro da cidade", 12 de outubro de 2017.

Leed: "A cidade universitária de Oxford revelou um plano para proibir os carros a gasolina e a gasóleo no centro da cidade, como parte do conjunto mais radical de propostas para reduzir a poluição" [27]. A tampa contém um problema e um método para o identificar.

A parte principal começa por comparar os dois projectos: "Enquanto Londres está a implementar uma 'Zona de Emissões Ultra Baixas', que fará com que a maioria dos veículos a gasóleo pague uma portagem diária para entrar no centro da cidade a partir de 2020, a Zona de Emissões Verdes de Oxford proibirá o tráfego automóvel no centro da cidade a partir da mesma data." Pode ainda descobrir como é que o governo chegou a esta decisão: "Desde que o fabricante alemão de automóveis Volkswagen realizou testes de emissões em 2015, os políticos de todo o mundo revelaram planos para restringir os veículos a gasóleo, a fim de melhorar a qualidade do ar e atingir objectivos mais rigorosos". O conselheiro municipal John Tanner comentou o seguinte: "Todos têm de dar um passo - governo nacional e autoridades locais (empresas e residentes) - para acabar com esta emergência de saúde pública." Oxford vai também introduzir taxas de estacionamento reduzidas para veículos eléctricos. Na primeira fase do plano, a partir de 2020, os táxis, automóveis, veículos comerciais ligeiros e autocarros com emissões zero serão proibidos em seis ruas do centro da cidade, incluindo perto da mundialmente famosa sociedade de debates Oxford Union. A zona será gradualmente alargada para abranger mais ruas e outros tipos de veículos até 2035, altura em que todos os veículos emissores, incluindo camiões, serão banidos do centro". Além disso, o Secretário-Geral das Nações Unidas, António Guterres, é citado como tendo dito: "Agora, mais do que nunca, precisamos de um mundo sem armas nucleares". Mikiso Iwasa, 88 anos, sobrevivente de Hiroshima, disse à Reuters que o prémio ajudará a fazer avançar as coisas: "É maravilhoso que tenhamos este movimento Nobel para conquistar a paz. Precisamos todos de unir forças, pensar muito e avançar para transformar este impulso em algo ainda maior".

7. "Reuters".

Escrito por Niklas Pollard e Anna Ringström com contribuições de Johannes Hellström.

Título - "Prémio Nobel da Economia atribuído por contribuições para a economia comportamental", de 9 de outubro de 2017.

LEAD: "O americano Richard Thaler ganhou o Prémio Nobel da Economia de 2017 pelas suas contribuições para o estudo da economia comportamental, anunciou esta segunda-feira a Academia Real das Ciências da Suécia." [29].

Quem? O americano Richard Thaler. O quê? O Prémio Nobel da Economia de 2017. Porquê? Pelas contribuições para o estudo da economia comportamental. Quando. Segunda-feira, 9 de outubro de 2017. Onde: Estocolmo, Suécia. Fonte: Academia Sueca de Ciências.

A parte principal do artigo começa com uma citação direta da declaração da academia que atribui ao economista um prémio de 9 milhões de coroas suecas (1,1 milhões de dólares): "De um modo geral, os contributos de Richard Thaler colmataram o fosso entre as análises económicas e psicológicas das decisões individuais". Além disso, o autor informa sobre a importância da descoberta: "As suas descobertas empíricas e os seus resultados teóricos foram fundamentais para a criação do novo campo, em rápida expansão, da economia comportamental, que teve um impacto significativo em muitas áreas da investigação económica e da política". O jornalista recorda ainda a história da origem do prémio: "O Prémio de Economia, cujo nome oficial é Prémio Memorial Alfred Nobel em Ciências Económicas do Banco Nacional da Suécia, é atribuído desde 1968". A economia não estava incluída na lista original de áreas registadas no testamento do inventor da dinamite, o empresário Alfred Nobel". Além disso, o jornalista informa sobre estes acontecimentos: "Na semana passada, foram anunciados os nomes dos vencedores dos prémios de medicina, física, química, literatura, bem como do Prémio Nobel da Paz." Assim, existe uma sequência lógica da informação publicada. A informação principal é colocada em primeiro lugar, e depois a informação medíocre. O material é construído segundo o princípio da "pirâmide invertida".

8. "Reuters".

Escrito por Sarah White, com data de 12 de outubro de 2017.

O título é "Gucci vai deixar de usar peles naturais a partir de 2018".

O título da história reflecte o acontecimento que motivou a sua redação. Além disso, a notícia é direta. O título diz: "A marca italiana Gucci vai deixar de usar peles naturais nos seus produtos a partir de 2018, juntando-se a um número crescente de casas de moda que se vêem à procura de alternativas devido à pressão dos defensores dos animais e à mudança de gostos dos consumidores" [40]. O título é breve e conciso. Reflecte a essência do próprio material.

O autor fala depois da marca em si e das suas especificidades: "A Gucci, propriedade da Kering, sediada em Paris, há muitos anos que apresenta casacos de pele caros em desfiles de moda e, em 2015, sob a direção do diretor criativo Alessandro Michele, lançou mocassins e chinelos com acabamentos em pele de canguru". O leitor comum estará a perguntar-se o que será feito do vestuário da marca popular. O jornalista responde à pergunta da seguinte forma: "No entanto, a marca anunciou agora que se vai juntar às empresas que abandonaram a utilização de peles naturais e que vai vender as restantes roupas e acessórios de pele num leilão de caridade. O valor de alguns casacos de pele de marta da Gucci ultrapassa os 40.000 dólares". O autor também utiliza a citação direta para confirmar a informação com palavras na primeira pessoa: "A decisão da Gucci vai mudar radicalmente o futuro da moda", disse Simone Pavesi da organização italiana de proteção dos animais." Além disso, são apresentadas as estatísticas das empresas que participam num programa deste tipo: "Em 2016, a empresa italiana Giorgio Armani prometeu deixar de usar peles, afirmando que o desenvolvimento da tecnologia torna a crueldade animal injustificável, enquanto a marca americana Calvin Klein deu um passo semelhante em 1994". Seguem-se informações pormenorizadas sobre as razões da rejeição das peles naturais: "Os opositores à utilização de peles protestam regularmente em desfiles de moda em todo o mundo, apelando ao fim da crueldade contra os animais, e os compradores de luxo - especialmente a geração mais jovem - estão a tornar-se cada vez mais sensíveis às questões ambientais". Desta forma, o material coloca o público ao corrente da situação, permitindo-lhe familiarizar-se plenamente com as escolhas da Gucci.

9. "Reuters".

Autora Estelle Shirbon.

O título é "Dove brand at centre of scandal again over video", datado de 9 de outubro de 2017.

Tampa: "A reação dos meios de comunicação social ao anúncio do sabonete Dove, em que uma mulher de pele escura é transformada numa mulher branca, transformou-se num verdadeiro desastre para a marca Unilevel" [44].

Quem? A empresa Dove. O quê? Cobertura mediática. Onde? Anúncio na televisão britânica. Quando. outubro de 2017. Porquê? Porque uma mulher de pele escura se transforma numa mulher branca. É racialmente carregado.

São fornecidas mais informações sobre a natureza do anúncio e a razão que atraiu a atenção do público: "Um clip de três segundos publicado na página da marca no Facebook fez lembrar a alguns utilizadores um anúncio racista de sabão do final do século XIX e início do século XX, em que personagens de pele escura se esfregavam para se tornarem brancos". No início do post, a autora refere a forma como a Dove actuou: "A Dove retirou o anúncio e pediu desculpa. No entanto, o pedido de desculpas não conseguiu conter a onda de críticas em linha - alguns utilizadores apelaram a um boicote aos produtos Dove e os principais meios de comunicação social nos Estados Unidos e na Europa deram destaque à notícia". A empresa prossegue dizendo o que causou a atenção especial ao anúncio: "No clip completo, uma mulher de pele escura tira a t-shirt, transformando-se numa mulher branca, que depois também tira a t-shirt e se transforma numa mulher asiática". A resposta da empresa também foi publicada: "O pequeno clip tinha como objetivo demonstrar que o sabonete Dove é adequado para todas as mulheres e celebrar a diversidade, mas não o fizemos". O jornalista salienta que esta não é a primeira vez que a Dove o faz e recorda aos leitores que: "A última vez que um anúncio da Dove causou indignação generalizada foi em 2011. O anúncio mostrava três mulheres lado a lado, acompanhadas de fotografias de "antes" e "depois" de usarem os produtos da empresa. A imagem "antes" mostrava uma mulher de pele escura e a imagem "depois" mostrava uma mulher branca. Na altura, a empresa alegou que as três mulheres do anúncio serviam para "demonstrar o efeito do produto após a sua utilização".

Depois de estudar o enfoque temático dos materiais da agência noticiosa Reuters, podem ser tiradas as seguintes conclusões. Em primeiro lugar, os correspondentes da Reuters trabalham em mais de 100 países em todo o mundo, pelo que as notícias políticas internacionais dão conta dos acontecimentos que têm lugar num vasto território. Esta cobertura permite que a agência seja um dos principais fornecedores de informação, uma vez que a disponibilidade de uma base alargada proporciona a oportunidade de ser o primeiro a tomar conhecimento dos principais acontecimentos. Além disso, nos materiais, a empresa introduz frequentemente citações diretas das palavras de altos funcionários, o que indica informação fiável. Deve ter-se em conta que o jornalista não expressa a sua opinião sobre uma situação política, mas apenas constata o facto. Este método de trabalho permite não impor o ponto de vista da empresa aos leitores, mas oferece uma oportunidade de compreender a informação recebida. O público tem a oportunidade de desenvolver capacidades analíticas.

Em segundo lugar, a Reuters é um dos principais fornecedores de informações financeiras para os participantes profissionais dos mercados financeiros, pelo que a agência presta especial atenção aos temas económicos. As notícias baseiam-se em dados exactos e indicadores de mercado. O estilo segue parâmetros como a estrutura, a concisão e o significado. Além disso, o jornalista compara indicadores e tem a oportunidade de fazer suposições sobre um determinado tópico. Os leitores podem descobrir as taxas de crescimento de determinados bens e planear a realização dos seus recursos. É de notar que as notícias económicas podem influenciar as condições do mercado, uma vez que os investidores procuram otimizar os seus bens após a informação sobre as cotações. É relevante que uma agência noticiosa publique este tipo de informação, atraindo assim a atenção do público, que visitará periodicamente o sítio e seguirá a informação.

Em terceiro lugar, a seleção dos factos desempenha um papel importante na cobertura das questões sociais pela Reuters. A tarefa de revelar e analisar um acontecimento social ganha destaque. Os jornalistas centram-se não só nas declarações dos funcionários, mas também na opinião dos cidadãos. Além disso, é fornecida informação de base sobre empresas e acontecimentos. Os autores apresentam e justificam as posições de diferentes grupos sociais, criam uma oportunidade para expressar pontos de vista e avaliações em diferentes situações. O objetivo do jornalismo social é manter a estabilidade na sociedade, para que o leitor possa familiarizar-se com um acontecimento noticioso e obter informações adicionais sobre um determinado tópico. Os materiais sobre este tema têm como objetivo a formação e a implementação da política social.

Conclusão

As agências de informação são atualmente um dos principais sujeitos dos processos mediáticos, determinando em grande medida o conteúdo, o volume e a orientação temática dos fluxos de informação. Os investigadores acreditam que o reforço da importância destas estruturas e, no futuro, o crescimento do seu número e poder devido ao rápido desenvolvimento das tecnologias da informação.

Em primeiro lugar, a história da agência noticiosa Reuters começa com as actividades de Julius Reuter. Foi ele que, em 1850, iniciou uma atividade comercial vendendo informações económicas da bolsa de valores de Bruxelas e Aachen. A transformação da Reuters numa sociedade anónima, a introdução da tecnologia informática e a venda de produtos económicos provocaram uma verdadeira mudança no mercado. O sector financeiro mundial tornou-se o principal ponto de referência. Foi a tradição noticiosa que permitiu à Reuters conquistar com êxito nichos financeiros. Com tanta confiança nas notícias gerais da empresa, os produtos económicos da agência estão também a ganhar credibilidade. Tendo conquistado um nome e uma imagem, a Reuters está a utilizá-los plenamente no mercado económico. Com o nascimento e o desenvolvimento da tecnologia digital, as comunicações por satélite, a fusão das inovações informáticas e de comunicação e o aparecimento da Internet, a Reuters reviu a sua organização e o seu modo de funcionamento, mantendo assim o seu estatuto de órgão de comunicação social dinâmico. Com o aparecimento de novos canais de comunicação, o alcance da audiência expandiu-se, o número de clientes e assinantes aumentou e surgiram novas oportunidades de serviço.

Em segundo lugar, é necessário enumerar os princípios-chave que influenciam as actividades de uma agência noticiosa: o desejo de maximizar os lucros num ambiente competitivo, exigindo o estabelecimento de fortes laços institucionais com os seus clientes, através da criação de comunidades de interesse, unidas por informações exclusivas, tecnologias inovadoras e oportunidades de negócio. Estes factores tiveram uma influência determinante nas agências de notícias económicas ao longo das últimas décadas da sua história. Por exemplo, o terminal "Reuteres Markets Monitor" permite a um investidor estimar o valor de um bloco de acções que detém num determinado momento, ver a dinâmica dos preços e, com a ajuda de programas incorporados, analisar os seus padrões de desenvolvimento, obter informações adicionais sobre as acções sob a forma de uma base de dados para análise posterior, selecionar notícias sobre a empresa para um determinado período e obter os factos mais operativos do mercado de acções.

Em terceiro lugar, as normas de uma agência noticiosa sugerem que as notícias devem ser rápidas, fiáveis e objectivas, conter todas as informações necessárias para avaliar a importância e as consequências do acontecimento descrito, ser compreensíveis e realçar os pontos principais. Os jornalistas utilizam palavras simples e explicam termos especiais para que todos os leitores interessados possam compreender as notícias.

Em quarto lugar, a agência desenvolveu requisitos uniformes para o material pelo qual os correspondentes são guiados. Isto aplica-se especialmente à estrutura dos textos dos artigos noticiosos, às abordagens à sua preparação e verificação e aos critérios para a sua seleção a partir do fluxo de acontecimentos. Comum a todas as notícias é a sua estrutura interna. Os materiais de diferentes orientações temáticas, volumes e géneros são constituídos por componentes estruturais normalizados: título, lead, sablid (outros parágrafos), fundo. Isto permite aos leitores seguir a cadeia de acontecimentos que precederam o material em causa.

Em quinto lugar, a peculiaridade da edição dos materiais das agências noticiosas está relacionada com o facto de as notícias chegarem num fluxo contínuo e terem de ser publicadas o mais rapidamente possível. Acontece que há muito pouco tempo para corrigir cada história. Os requisitos unificados para uma história, que devem ser seguidos tanto pelo correspondente como pelo editor, são os seguintes: cada história descreve um facto noticioso principal,

a estrutura corresponde ao princípio da "pirâmide invertida" (a informação principal é escrita no início da mensagem), devendo ser escrita apenas a informação que contribui para a divulgação, explicação e perceção do facto noticioso principal. A gestão destes critérios permite uma publicação mais rápida dos materiais e o aumento da audiência potencial, o que implica a manutenção de uma posição financeira estável da empresa e a possibilidade de aplicar fundos em projectos de investimento.

Em sexto lugar, nas histórias políticas, os jornalistas baseiam-se nas palavras dos funcionários. As citações permitem a utilização de muitos meios para aumentar a expressividade e o discernimento. Como parte das citações, adquirem a qualidade de "facto", o que retira à agência a responsabilidade pela sua utilização. A informação económica implica uma apresentação lógica da informação. A procura de lucros leva as agências a prestar mais atenção à informação financeira, nomeadamente: valores das acções, preços, cotações, gráficos financeiros, análises de mercado, potencial de investimento, desempenho das empresas e dos sectores. É de salientar que a criação pela agência de uma rede de corretagem eletrónica, que inclui produtos operacionais e não requer quaisquer intermediários entre a agência e o cliente, foi um passo significativo para aumentar o perfil da Reuters. Os materiais das redes sociais centram-se em informações significativas para um público alargado.

Literatura

1. *Adomaitis, N.* O grupo de combate às armas nucleares ganhou o Prémio Nobel da Paz de 2017 / N. Adomaitis // Reuters.com [Recurso eletrónico]. - 2017. - Modo de acesso:

http://www.reuters.com/article/us-nobel-prize-peace/anti-nuclear-campaign-group-wins-2017-nobel-peace-prize-idUSKBN1CB0XR. - Data de acesso: 06.10.2017.

2. *Becker, A.* O Senado dos EUA aprovou a chave para o projeto de orçamento da reforma fiscal de Trump / A. Becker // Reuters. com. [Recurso eletrónico]. - 2017. - Modo de acesso: https://reuters.com/article/topNews. - Data de acesso: 20.10.2017.

3. *Belova, L.I.* Jornalismo Universal / L.I. Belova. - M., 2016. - 480 c.

4. *Berger, M.* Israel pretende não atrair modelos com peso a menos para a indústria da moda / M. Berger // Reuters.com [Recurso eletrónico]. - 2017. - Modo de acesso: http://www.reuters.com/article/us-israel- fashion/israel-targets-fashion-industry-over-underweight-models-idUSKBN1CL1S6. - Data de acesso: 16.10.2017.

5. *Binney, I.* Espanha vai retirar o governo catalão do poder e realizar eleições / I. Binney // Reuters.com. [Recurso eletrónico]. - 2017. - Modo de acesso: https://reuters.com/article/topNews. - Data de acesso: 21.10.2017.

6. *Viren, G.* Agências de informação: como as notícias são criadas / G. Viren. - M., 2015. - 176 c.

7. *Voroshilov, V.V.* Jornalismo / V.V. Voroshilov. - SPb. Editora de V.A. Mikhailov, 2002. - 656 c.

8. *Voskoboynikov, Y.S.* Jornalista e informação. Experiência da imprensa ocidental / Y.S. Voskoboynikov. - M., 1993. - 208 c.

9. *Greenfield, S.* O primeiro-ministro da Nova Zelândia anunciou a proibição da compra de habitação por estrangeiros a partir do início de 2018 / S. Greenfield // Reuters.com [Recurso eletrónico]. - 2017. - Modo de acesso:

http://www.reuters.com/article/us-newzealand-politics-housing/new-zealand-pmsays-ban-on-foreign-home-buyers-to-start-early-2018-idUSKBN1D00AR. - Data de acesso: 31.10.2017.

10. *Jones, G.* A Itália devolveu o mosaico roubado do navio do imperador Calígula / G. Jones // Reuters.com [Recurso eletrónico]. - 2017. - https://reuters.com/article/oddlyEnoughNews. - Data de acesso: 22.10.2017.

11. *Johnson, S.* O Prémio Nobel da Literatura atribuído a Kazuo Ishiguro / S. Johnson // Reuters.com. [Recurso eletrónico]. - 2017. - Modo de acesso: https://reuters.com/article/oddlyEnoughNews. - Data de acesso: 05.10.2017.

12. *Egorov, V.V.* A caminho da sociedade da informação / V.V. Egorov. - M., 2006. - 192 c.

13. *Castellanos, S.* Protestantes na Catalunha bloquearam as estradas / S. Castellanos // Reuters.com [Recurso eletrónico]. - 2017. - Modo de acesso: https://ru.reuters.com/article/topNews. - Data de acesso: 08.10.2017.

14. *Kim, M.N.* Géneros do jornalismo moderno / M.N. Kim. - SPb. Editora Mikhailov V.A., 2004. - 336 c.

15. *Kiselev, A.G.* Teoria e prática da informação de massas / A.G. Kiseleva. - MOSCOVO: KNORUS, 2009. - 432 c.

16. *Kodja, I.* A Turquia adquiriu sistemas de mísseis S-400 da Rússia - Ministro / I. Kodja // Reuters.com [Recurso eletrónico]. - 2017. - Modo de acesso: https://reuters.com/article/topNews. - Data de acesso: 13.10.2017.

17. *Kolesnichenko, A.V.* Preparação do texto / A.V. Kolesnichenko. - Moscovo: Editora Yurait, 2017. - 292 c.

18. *Kochiashvili, M.* Bloodhound car starts / M. Kochiashvili // Reuters.com [Recurso eletrónico]. - 2017. - Modo de acesso: http://www.reuters.com/article/us-britain-car/bloodhound-car-kicks-off-bid-to-speed- into-record-books-idUSKBN1CV31J. - Data de acesso: 26.10.2017.

19. *Lazutina, G.V.* Géneros de criatividade jornalística: um livro didático para

estudantes universitários / G.V. Lazutina, S.S. Raspopova. - Moscovo: Aspect Press, 2011. - 320 c.

20. *Lashchuk, O.R.* Edição de mensagens informativas: livro didático para estudantes universitários / O.R. Lashchuk. - Moscovo: Aspect Press, 2004. -159 c.

21. *Lotman, Yu.M.* A estrutura da criatividade artística / Yu.M. Lotman. - M., 1970. - 285 c.

22. *Magront, M.* A notícia como profissão / M. Magront. - M., 2015. - 120 c.

23. *Meneghini, A.* Hotspots wi-fi activos requerem mais acesso à Internet / A. Meneghini // Reuters.com [Recurso eletrónico]. - 2017. - Modo de acesso: http://www.reuters.com/article/us-cuba-internet/enthused-by-wi-fi-hotspots- cubans-clamor-for-more-internet-access-idUSKBN1CS1V0. - Data de acesso: 23.10.2017.

24. *Muratov, S.V.* Métodos activos de discussão em jornalismo / S.V. Muratov. - M., 1991. - 203 c.

25. *Nakoryakova, K.M.* Edição literária de materiais dos meios de comunicação social / K.M. Nakoryakova. - M., 1994. - 189 c.

26. *O'Leary, E.* Diamond Merlin vai abrir uma Legoland de 350 milhões de dólares no Estado de Nova Iorque / E. O'Leary // Reuters.com [Recurso eletrónico]. - 2017. - Modo de acesso: http://www.reuters.com/article/us-merlin-ent-legoland/britains-merlin-to-open-350-million-legoland-in-new-york-state-idUSKBN1CV18C. - Data de acesso: 26.10.2017.

27. *Pitas, K.* Oxford vai ser a primeira cidade britânica a proibir os carros a gasolina e a gasóleo no centro / K. Pitas // Reuters.com [Recurso eletrónico]. -2017 . - Modo de acesso: http://www.reuters.com/article/us-britain-autos-oxford/oxford-to-become-first-uk-city-to-ban-petrol-and-diesel-cars-from-center-idUSKBN1CH1IQ. - Data de acesso: 12.10.2017.

28. *Pogorely, Yu.A.* Agência de informação: estilo de mensagens operativas / Yu.A.

Pogorely. - M., 2000. - 36 c.

29. *Pollard, N.* Prémio Nobel da Economia atribuído pela contribuição para o desenvolvimento da economia comportamental / N. Pollard // Reuters.com [Recurso eletrónico]. - 2017. - Modo de acesso: https://reuters.com/article/oddlyEnoughNews. - Data de acesso: 09.10.2017.

30. *Prokhorov, E.P. A* Arte do Publicismo / E.P. Prokhorov. - M., 1984. - C. 324.

31. *Raspopova, S.*S. Fundamentos da atividade jornalística / S.S. Raspopova. - M., 2017. - 272 c.

32. *Sapunov, V.I.* Agências de informação estrangeiras / V.I. Sapunov. - SPb. : Editora Mikhailov V.A., 2006. - 366 c.

33. *Segreti, D.* Armani planeia transferir a quota da empresa de moda / D. Segreti // Reuters.com [Recurso eletrónico]. - 2017. - Modo de acesso: http://www.reuters.com/article/us-italy-fashion-armani-succession. - Data de acesso: 23.10.2017.

34. *Skulenko, M.I.* Persuasive impact of publicism / M.I. Skulenko. - Kiev, 1986. - 175 c.

35. *Smetanina, S. I.* O texto mediático no sistema da cultura. Processos dinâmicos na linguagem e no estilo do jornalismo no final do século XX / S.I. Smetanina. - M., 2002. - 382 c.

36. *Stolyarov, G.* A Globaltrack quer duplicar a sua frota e tornar-se líder de mercado em 3-4 anos / G. Stolyarov // Reuters.com [Recurso eletrónico]. - 2017. - Modo de acesso: https://reuters.com/article/oddlyEnoughNews. - Data de acesso: 20.10.2017.

37. *Tangate, M.* Media giants : how the largest media companies survive in the market and fight for leadership : tradução do inglês / M. Tangate. - M. : Alpina Business Books, 2006. - 251 c.

38. *Trompis, G.* A falta de óleo deixa os croissants franceses meio cozidos / G. Trompis // Reuters.com [Recurso eletrónico]. - 2017. - Modo de acesso:

http://www.reuters.com/article/us-france-food-butter. - Data de acesso: 24.10.2017.

39. *Tumilovich, N.V.* Fundamentos da mestria criativa : complexo pedagógico-metodológico / N.V. Tumilovich. - Minsk : BSU, 2014. - 152 c.

40. *White, S.* "Gucci vai recusar peles naturais a partir de 2018" / S. White // Reuters.com. [Recurso eletrónico]. - 2017. - Modo de acesso: https://reuters.com/article/oddlyEnoughNews. - Data de acesso: 12.10.2017.

41. *White, S.* Demasiado sol. Cabelo demasiado seco: "Loreal" acrescenta Paris a startups de cor digital / S. White // Reuters.com [Recurso eletrónico]. -2017 . - Modo de acesso: http://www.reuters.com/article/us-loreal-digital/too-much-sun-hair-too-dry-loreal-adds-paris-to-digital-beauty-start-up-cities-idUSKBN1CP1RY. - Data de acesso: 20.10.2017.

42. *Frolova, T.I.* Agências de informação. Como são criadas as notícias / T.I. Frolova. - M., 2005. - 176 c.

43. *Honrahan, M.* A Serra Leoa vai leiloar um diamante de vários milhões de dólares em benefício dos pobres / M. Honrahan // Reuters.com [Recurso eletrónico]. - 2017. - Modo de acesso: http://www.reuters.com/article/us-sierraleone-diamond- israel/sierra-leone-to-auction-multi-million-dollar-diamond-to-benefit-poor- idUSKBN1CS1IB. - Data de acesso: 23.10.2017.

44. *Shirbon, S.* A marca Dove voltou a estar no centro do escândalo por causa do vídeo / S. Shirbon // Reuters.com [Recurso eletrónico]. - 2017. - Modo de acesso: https://reuters.com/article/oddlyEnoughNews. - Data de acesso: 09.10.2017.

45. *Shkondin, M.V. O* sistema dos meios de comunicação social como fator de diálogo público / M.V. Shkondin. - M., 2002. - 120 c.

46. *Shostak, M.I.* Jornalismo noticioso: questões de tecnologia / M.I. Shostak. - M., 1996. - 96 c.

47. *Edwards, L.* Espanha introduziu a gestão direta da Catalunha após a declaração

de independência / L. Edwards // Reuters.com [Recurso eletrónico]. - 2017. - Modo de acesso: https://reuters.com/article/topNews. - Data de acesso: 27.10.2017.

MIX
Papier aus verantwortungsvollen Quellen
Paper from responsible sources
FSC® C105338

Printed by Books on Demand GmbH, Norderstedt / Germany